PAMIĘĆ
I TOŻSAMOŚĆ

JAN PAWEŁ II

PAMIĘĆ
I TOŻSAMOŚĆ

Rozmowy na przełomie tysiącleci

WYDAWNICTWO ZNAK · KRAKÓW 2005

Od redakcji

XX wiek był świadkiem historycznych wydarzeń, które przyniosły zdecydowane zmiany w sytuacji politycznej i społecznej całych narodów i nie pozostały bez wpływu na losy poszczególnych obywateli. Sześćdziesiąt lat temu zakończyła się wojna, która pomiędzy 1939 a 1945 rokiem stała się dla świata tragicznym dramatem zniszczenia i śmierci. W następnych latach mieliśmy do czynienia z rozszerzaniem się dyktatury komunistycznej w wielu krajach Europy Środkowo--Wschodniej i z przenikaniem marksistowskiej ideologii do innych państw Europy, Afryki, Ameryki Łacińskiej i Azji. Ponadto na początki XXI wieku padł niestety bolesny cień terroryzmu w skali światowej: zburzenie wież World Trade Center w Nowym Jorku było tego najbardziej wymownym wyrazem. Czy można w tych wydarzeniach nie dostrzegać czynnej obecności *mysterium iniquitatis*?

Jednakże obok zła nie brakowało dobra. Dyktatury, które zapanowały poza „żelazną kurtyną", nie zdołały zdusić pragnienia wolności w poddanych im narodach. W Polsce, wbrew oporowi reżimu, narodził się i umocnił ruch związkowy znany pod nazwą „Solidarność". Był to sygnał przebudzenia, który odbił się echem również w innych krajach. I nadszedł rok 1989, który przeszedł do historii jako ten, w którym obalono mur berliński, a potem dokonał się szybki upadek dyktatury komunistycznej w krajach europejskich, w których panowała od dziesięcioleci. Dwudzieste stulecie było także wiekiem, w którym liczne narody podległe wcześniej systemom kolonialnym osiągnęły niepodległość. Powstały nowe państwa, które mimo uzależnień i nacisków mogą cieszyć się możliwością decydowania o swych losach. Trzeba też wspomnieć fakt ukształtowania się organizmów międzynarodowych, które po II wojnie światowej podjęły zadanie zapewnienia pokoju i bezpieczeństwa narodów, troski o bardziej sprawiedliwy podział dóbr, obrony praw człowieka i słusznych oczekiwań różnych grup społecznych. W końcu należy wspomnieć powstanie i późniejsze rozszerzenie Wspólnoty Europejskiej.

Również w życiu Kościoła nie brak było wydarzeń, które pozostawiły głęboki ślad, wyznaczając kierunki pozytywnych zmian o wielkim znaczeniu dla teraźniejszości i, miejmy nadzieję, dla przyszłości Ludu Bożego. Pośród nich na pierwszym miejscu należy wymienić II Sobór Watykański (1962–1965) i różne inicjatywy, które zrodziły się jako jego konsekwencje, jak choćby: reforma liturgiczna, zaangażowanie na polu ekumenicznym i dialog między religiami. Jak nie docenić też całego dobra w wymiarze duchowym i kościelnym, jakie dokonywało się podczas celebracji Wielkiego Jubileuszu Roku 2000?

Szczególnym świadkiem tych wydarzeń jest Papież Jan Paweł II. Osobiście doświadczył dramatycznych i heroicznych dziejów swojego kraju, Polski, z którym wciąż jest związany. W ostatnich dziesięcioleciach był również uczestnikiem –

wpierw jako ksiądz, potem jako biskup, a w końcu jako papież – wielu wydarzeń w historii Europy i całego świata. Ta książka prezentuje niektóre z jego doświadczeń i refleksje, jakie dojrzewały w nim w obliczu różnorakich form zła, wobec którego nie tracił nigdy perspektywy dobra, przeświadczony, że to ono ostatecznie zwycięża. Dokonując przeglądu różnych aspektów dzisiejszej rzeczywistości, Ojciec Święty w cyklu „rozmów na przełomie tysiącleci" podjął refleksję nad obecnymi zjawiskami w świetle minionych dziejów, w których usiłował odnaleźć korzenie tego, co teraz dokonuje się w świecie, aby dać współczesnym, poszczególnym osobom i całym ludom, możliwość obudzenia w sobie, poprzez uważny powrót do „pamięci", żywego poczucia własnej „tożsamości".

Pisząc tę książkę, Jan Paweł II powrócił do najważniejszych tematów rozmowy, jaka miała miejsce w 1993 roku w Castel Gandolfo. Dwaj polscy filozofowie, ks. Józef Tischner i Krzysztof Michalski, założyciele Instytutu Nauk o Człowieku (*Institut für die Wissenschaften vom Menschen*) w Wiedniu, zaproponowali mu przeprowadzenie krytycznej analizy historycznej i filozoficznej dwóch dyktatur, które naznaczyły piętnem dwudzieste stulecie: nazizmu i komunizmu. Nagrane wówczas rozmowy zostały potem spisane. Jednakże Ojciec Święty, wracając do kwestii podnoszonych w tamtej konwersacji, uważał za konieczne rozszerzenie perspektyw wywodu. Zatem, wychodząc od wspomnianych rozmów, rozwinął swoją refleksję o nowe elementy. Tak powstała ta książka, która podejmuje zagadnienia mające istotne znaczenie dla losów ludzkości, stawiającej pierwsze kroki w trzecim tysiącleciu.

Przy redakcji książki została zachowana literacka forma konwersacji, aby czytelnik miał świadomość, że nie jest to wykład akademicki, ale przyjacielska rozmowa, w której – podejmując z wielką precyzją proponowane kwestie w poszukiwaniu właściwych odpowiedzi – nie można było rozwinąć wyczerpujących wywodów. Pytania, w ich aktualnej formie, zostały dodane przez redakcję. Mają one za zadanie ułatwić czytelnikowi właściwe zrozumienie papieskiej myśli.

Życzymy, aby każdy, kto weźmie do ręki tę książkę, mógł znaleźć w niej rozwiązania przynajmniej niektórych kwestii, jakie go nurtują.

MIARA
WYZNACZONA ZŁU

1.
Mysterium iniquitatis:
Koegzystencja dobra i zła

Po upadku dwu potężnych systemów totalitarnych –
nazizmu w Niemczech i komunistycznego „realnego
socjalizmu" Związku Radzieckiego – które zaciążyły nad
całym wiekiem XX i są odpowiedzialne za niezliczone
zbrodnie, wydaje się, że przyszła pora na zastanowienie się
nad ich genezą, skutkami, a zwłaszcza nad ich znaczeniem
w historii ludzkości. Jak, Ojcze Święty, należy rozumieć sens
tego wielkiego „wybuchu" zła?

Wiek XX był w jakimś sensie widownią narastania procesów dziejowych, a także procesów ideowych, które zmierzały
w kierunku wielkiego „wybuchu" zła, ale także był widownią
ich pokonywania. Czy zatem spojrzenie na Europę jedynie od
strony zła, które pojawiło się w jej nowożytnych dziejach, jest
spojrzeniem słusznym? Czy nie zawiera się tutaj jakaś jedno-
stronność? Nowożytne dzieje Europy, naznaczone – zwłaszcza na Zachodzie – wpływami oświecenia, zrodziły także wiele dobrych owoców. Jest to poniekąd zgodne z naturą zła, tak
jak je definiuje, zgodnie z ujęciem św. Augustyna, św. Tomasz.
Zło jest zawsze brakiem jakiegoś dobra, które w danym bycie
powinno się znajdować, jest niedostatkiem. Nigdy nie jest jednak całkowitą nieobecnością dobra. W jaki sposób zło wyra-

sta i rozwija się na zdrowym podłożu dobra, stanowi poniekąd tajemnicę. Tajemnicą jest również owo dobro, którego zło nie potrafiło zniszczyć, które się krzewi niejako wbrew złu, i to na tej samej glebie. Przypomina się ewangeliczna przypowieść o pszenicy i kąkolu (por. Mt 13, 24–30). Kiedy słudzy pytają gospodarza: „Chcesz więc, żebyśmy poszli i zebrali go [kąkol]?", on odpowiada w sposób bardzo znamienny: „Nie, byście zbierając chwast, nie wyrwali razem z nim i pszenicy. Pozwólcie obojgu róść aż do żniwa; a w czasie żniwa powiem żeńcom: zbierzcie najpierw chwast i powiążcie go w snopki na spalenie; pszenicę zaś zwieźcie do mego spichlerza" (Mt 13, 29–30). W tym przypadku wspomnienie żniwa odnosi się do ostatniej fazy historii, do eschatologii.

Można powiedzieć, że ta przypowieść jest kluczem do rozumienia całych dziejów człowieka. W różnych epokach i w różnym znaczeniu „pszenica" rośnie razem z „kąkolem", a „kąkol" razem z „pszenicą". Dzieje ludzkości są widownią koegzystencji dobra i zła. Znaczy to, że zło istnieje obok dobra; ale znaczy także, że dobro trwa obok zła, rośnie niejako na tym samym podłożu ludzkiej natury. Natura bowiem nie została zniszczona, nie stała się całkowicie zła, pomimo grzechu pierworodnego. Zachowała zdolność do dobra i to potwierdza się w różnych epokach dziejów.

2.
Ideologie zła

Skąd zatem wzięły się ideologie zła? Jakie są korzenie
nazizmu i komunizmu? Jak doszło do upadku tych systemów?

Wszystkie te pytania mają głębokie znaczenie filozoficzne
i teologiczne. Trzeba zrekonstruować „filozofię zła" w jej wymiarze europejskim i nie tylko europejskim. A rekonstrukcja ta wyprowadza nas poza ideologie. Zmusza nas, by wejść w świat wiary. Trzeba dotknąć tajemnicy Boga i stworzenia, a w szczególności tajemnicy człowieka. Są to tajemnice, którym starałem się dać
wyraz w pierwszych latach mego posługiwania na Stolicy św. Piotra
poprzez encykliki *Redemptor hominis, Dives in misericordia* oraz
Dominum et vivificantem. Cały ten tryptyk odpowiada w istocie
trynitarnej tajemnicy Boga. Wszystko, co zawiera się w encyklice
Redemptor hominis, przyniosłem z sobą z Polski. Również refleksje zawarte w *Dives in misericordia* były owocem moich doświadczeń duszpasterskich zdobytych w Polsce, a w sposób szczególny w Krakowie. Przecież tam znajduje się grób siostry Faustyny
Kowalskiej, której Chrystus pozwolił być szczególnie natchnioną
wyrazicielką prawdy o Bożym miłosierdziu. Prawda ta ukształtowała w Faustynie niezwykle bogate życie mistyczne. Była to osoba prosta, niewykształcona, a mimo to ludzie czytający *Dzienni-
czek* jej objawień zdumiewają się nad głębią mistycznego doświadczenia, które w nim się zawiera.

Mówię o tym dlatego, że objawienia siostry Faustyny, skoncentrowane na tajemnicy Bożego miłosierdzia, odnoszą się do czasu przed II wojną światową. To jest właśnie ten czas, w którym powstawały i rozwijały się owe ideologie zła, jakimi były nazizm i komunizm. Siostra Faustyna stała się rzeczniczką przesłania, iż jedyną prawdą zdolną zrównoważyć zło tych ideologii jest ta, że Bóg jest Miłosierdziem – prawda o Chrystusie miłosiernym. I dlatego, powołany na Stolicę Piotrową, czułem szczególną potrzebę przekazania tych rodzimych doświadczeń, które z pewnością należą do skarbca Kościoła powszechnego.

Encyklika o Duchu Świętym *Dominum et vivificantem* ma już swój rzymski rodowód. Dojrzewała nieco później. Zrodziła się z medytacji nad Ewangelią św. Jana, nad tym, co Chrystus mówił podczas Ostatniej Wieczerzy. Właśnie w tych ostatnich godzinach ziemskiego życia Chrystusa otrzymaliśmy chyba najpełniejsze objawienie o Duchu Świętym. Wśród słów, które wypowiedział wówczas Jezus, znajduje się także stwierdzenie bardzo znamienne dla interesującej nas kwestii. Mówi On, że Duch Święty „przekona świat o grzechu" (J 16, 8). Starałem się wniknąć w te słowa i to doprowadziło mnie do pierwszych stron Księgi Rodzaju, do wydarzenia, które zostało nazwane „grzechem pierworodnym". Św. Augustyn z niezwykłą wnikliwością scharakteryzował naturę tego grzechu w następującej formule: *amor sui usque ad contemptum Dei* – „miłość siebie aż do negacji Boga" (*De civitate Dei*, XIV, 28). Właśnie *amor sui* – miłość własna – popchnęła pierwszych rodziców ku pierwotnemu nieposłuszeństwu, które dało początek rozszerzaniu się grzechu w całych dziejach człowieka.

Odpowiadają temu słowa z Księgi Rodzaju: „Tak jak Bóg będziecie znali dobro i zło" (Rdz 3, 5), czyli będziecie sami stanowić o tym, co jest dobrem, a co złem.

I ten właśnie pierworodny wymiar grzechu nie mógł znaleźć współmiernej rekompensaty w innej postaci, jak poprzez przeciwstawne *amor Dei usque ad contemptum sui* – „miłość Boga aż do negacji siebie". Tutaj właśnie dotykamy tajemnicy odkupienia człowieka, a do tego poznania prowadzi nas Duch Święty. To On pozwala nam tak głęboko wniknąć w *mysterium Crucis*, a równocześnie pochylić się nad otchłanią zła, którego sprawcą i zarazem ofiarą stał się człowiek na początku swoich dziejów. Do tego właśnie odnosi się wyrażenie: „przekonać świat o grzechu". A celem tego „przekonywania" nie jest potępienie świata. Jeżeli Kościół w mocy Ducha Świętego nazywa zło po imieniu, to tylko w tym celu, ażeby wskazywać możliwość jego przezwyciężenia. *Amor Dei usque ad contemptum sui* ma takie właśnie wymiary. Są to właściwe wymiary miłosierdzia. Bóg w Jezusie Chrystusie pochyla się nad człowiekiem, aby podać mu dłoń, ażeby go dźwignąć za każdym razem, gdy upada, ażeby go stale podnosić i wspomagać w podejmowaniu z mocą nowej drogi. Człowiek nie potrafi powstać o własnych siłach. Potrzebuje pomocy Ducha Świętego. Jeżeli odrzuca tę pomoc, wówczas dopuszcza się grzechu, który Chrystus nazwał „bluźnierstwem przeciwko Duchowi", oznajmiając równocześnie, że jest on nieodpuszczalny (por. Mt 12, 31). Dlaczego nieodpuszczalny? Dlatego, że wyklucza w samym człowieku pragnienie odpuszczenia. Człowiek odpycha miłość i miłosierdzie Boga, gdyż sam uważa się za Boga. Mniema, że sam sobie potrafi wystarczyć.

Wspomniałem krótko trzy encykliki, które wydały mi się koniecznym komentarzem do całego magisterium II Soboru Watykańskiego, a także do złożonych sytuacji pojawiających się w tym momencie dziejowym, w którym wypadło nam żyć.

W ciągu lat zrodziło się we mnie przeświadczenie, że ideologie zła są głęboko zakorzenione w dziejach europejskiej myśli filozoficznej. W tym miejscu muszę dotknąć pewnych faktów, które związane są z dziejami Europy, a zwłaszcza jej kultury. Kiedy ukazała się encyklika o Duchu Świętym, pewne środowiska na Zachodzie bardzo negatywnie na nią zareagowały. Z czego wynikała ta reakcja? Pochodziła ona z tych samych źródeł, z których przed ponad dwustu laty zrodziło się tak zwane europejskie oświecenie – w szczególności oświecenie francuskie, nie wykluczając jednak angielskiego, niemieckiego, hiszpańskiego czy włoskiego. Od nich wszystkich różniło się oświecenie w Polsce. Rosja zaś chyba nie przeżyła wstrząsu oświeceniowego. Kryzys tradycji chrześcijańskiej przyszedł tam inną drogą i na początku XX wieku wybuchł z tym większą gwałtownością w postaci radykalnie ateistycznej rewolucji marksistowskiej.

Aby lepiej naświetlić ten problem, trzeba wrócić jeszcze do okresu przed oświeceniem, a przede wszystkim do tej rewolucji, jakiej w myśleniu filozoficznym dokonał Kartezjusz. *Cogito, ergo sum* – „myślę, więc jestem", przyniosło odwrócenie porządku w dziedzinie filozofowania. W okresie przedkartezjańskim filozofia, a więc *cogito* (myślę) czy raczej *cognosco* (poznaję), była przyporządkowana do *esse* (być), które było czymś pierwotnym. Dla Kartezjusza natomiast *esse* stało się czymś wtórnym, podczas gdy za pierwotne uważał *cogito*.

W ten sposób dokonała się nie tylko zmiana kierunku filozofowania, ale również radykalne odejście od tego, czym dawniej była filozofia, czym była w szczególności filozofia św. Tomasza z Akwinu: filozofia *esse*. Wcześniej wszystko było interpretowane przez pryzmat istnienia (*esse*) i wszystko się przez ten pryzmat tłumaczyło. Bóg jako samoistne Istnienie (*Ens subsistens*) stanowił nieodzowne oparcie dla każdego *ens non subsistens*, *ens participatum*, czyli dla wszystkich bytów stworzonych, a więc także dla człowieka. *Cogito, ergo sum* przyniosło zerwanie z tamtą tradycją myśli. Pierwotne stało się teraz *ens cogitans* (istnienie myślące). Od Kartezjusza filozofia staje się nauką czystego myślenia: wszystko to, co jest bytem (*esse*) – zarówno świat stworzony, jak i Stwórca – pozostaje w polu *cogito* jako treść ludzkiej świadomości. Filozofia zajmuje się bytami o tyle, o ile są treścią świadomości, a nie o tyle, o ile istnieją poza nią.

W tym miejscu trzeba nieco czasu poświęcić tradycjom filozofii polskiej, a szczególnie temu, co stało się w niej po dojściu do władzy partii komunistycznej. Z uniwersytetów usuwano wszelkie formy myślenia filozoficznego, które nie odpowiadały modelowi marksistowskiemu. Dokonywano tego w sposób prosty i radykalny: usuwano ludzi, którzy reprezentowali ten sposób uprawiania filozofii. Bardzo znamienne, że wśród tych, których pozbawiono katedr, znajdowali się przede wszystkim reprezentanci filozofii realistycznej, włącznie z przedstawicielami realistycznej fenomenologii, jak prof. Roman Ingarden, oraz szkoły lwowsko-warszawskiej, jak prof. Izydora Dąmbska. Trudniej było z reprezentantami tomizmu, ponieważ znajdowali się na Katolickim Uniwersytecie Lubelskim i na wydziałach teologicznych w Warszawie i w Krakowie oraz w seminariach duchownych. I ich jednak w inny sposób dotknęła boleśnie ręka ustroju. Marksistowskie władze z nieufnością odnosiły się też do cenionych myślicieli, którzy zachowali krytycyzm wobec materializmu dialektycznego. Spośród nich pamiętam zwłaszcza Tadeusza Kotarbińskiego, Marię Ossowską i Tadeusza Czeżowskiego. Z uniwersyteckiego programu zajęć nie można było oczywiście usunąć logiki czy metodologii nauk. Można było natomiast na różne sposoby utrudniać i ograniczać wpływ „nieprawomyślnych" profesorów na formację studentów.

Otóż te wydarzenia, które miały miejsce w Polsce po dojściu do władzy marksistów, przyniosły skutki podobne do tych, jakie wyniknęły w związku z procesami, które już wcześniej wystąpiły w Europie Zachodniej w okresie pooświeceniowym. Mówiło się między innymi o „zmierzchu realizmu tomistycznego", a równocześnie próbowano to rozumieć jako odwrót od chrześcijaństwa jako źródła filozofowania. W ostateczności kwestią, która była podana w wątpliwość, była sama możliwość dotarcia do Boga. W logice *cogito, ergo sum* Bóg mógł pozostać jedynie jako treść ludzkiej świadomości, natomiast nie mógł pozostać jako Ten, który wyjaśnia do końca ludzkie *sum*. Nie mógł więc pozostać jako *Esse subsistens*, „samoistne Istnienie", jako Stwórca, Ten, który obdarowuje istnieniem, i jako Ten, który obdarowuje sobą w tajemnicy wcielenia, odkupienia i łaski. „Bóg Objawienia" przestał istnieć jako „Bóg filozofów". Pozostała tylko „idea Boga", jako temat do dowolnego kształtowania przez ludzką myśl.

W ten sposób zawaliły się również podstawy „filozofii zła". Zło bowiem, w znaczeniu realistycznym, może zaistnieć tylko w relacji do dobra, a zwłaszcza w relacji do Boga, najwyższego Dobra. O takim właśnie złu mówi Księga Rodzaju. W tej perspektywie można zrozumieć grzech pierworodny, a także każdy grzech osobisty człowieka. To zło zostało odkupione przez Chrystusa na krzyżu. Ściśle mówiąc, został odkupiony człowiek, który za sprawą Chrystusa stał się uczestnikiem życia Bożego. To wszystko, cały ten wielki dramat dziejów zbawienia, zanikło w umysłowości oświeceniowej. Człowiek został sam: sam jako twórca własnych dziejów i własnej cywilizacji; sam jako ten, który stanowi o tym, co jest dobre, a co złe, jako ten, który powinien istnieć i działać *etsi Deus non daretur* – nawet gdyby Boga nie było.

Skoro człowiek sam, bez Boga, może stanowić o tym, co jest dobre, a co złe, może też zdecydować, że pewna grupa ludzi powinna być unicestwiona. Takie decyzje, na przykład, były podejmowane w Trzeciej Rzeszy przez osoby, które po dojściu do władzy na drodze demokratycznej uciekały się do nich, aby realizować przewrotny program ideologii narodowego socjalizmu, inspirującej się przesłankami rasowymi. Podobne decyzje podejmowała też partia komunistyczna w Związku Radzieckim i w krajach poddanych ideologii marksistowskiej. W tym kontekście dokonała się eksterminacja Żydów, a także innych grup, jak na przykład Romów, chłopów na Ukrainie, duchowieństwa prawosławnego i katolickiego w Rosji, na Białorusi i za Uralem. Podobnie dokonywały się prześladowania wszystkich osób niewygodnych dla ustroju: na przykład kombatantów września 1939 roku oraz żołnierzy Armii Krajowej w Polsce po II wojnie światowej, a także przedstawicieli inteligencji, którzy nie podzielali światopoglądu marksistowskiego czy nazistowskiego. Chodziło tu zazwyczaj o eliminację w wymiarze fizycznym, ale czasem także moralnym: mniej lub bardziej drastycznie osoba była pozbawiana przysługujących jej praw.

W tym miejscu nie sposób nie dotknąć sprawy bardzo dzisiaj nabrzmiałej i bolesnej. Po upadku ustrojów zbudowanych na „ideologiach zła" wspomniane formy eksterminacji w tych krajach wprawdzie ustały, utrzymuje się jednak nadal legalna eksterminacja poczętych istnień ludzkich przed ich narodzeniem. Również i to jest eksterminacja zadecydowana przez demokratycznie wybrane parlamenty i postulowana w imię cywilizacyjnego postępu społeczeństw i całej ludzkości. Nie brak innych poważnych form naruszania prawa Bożego. Myślę na przykład o silnych naciskach Parlamentu Europejskiego, aby związki homoseksualne zostały uznane za inną postać rodziny, której przysługiwałoby również prawo adopcji. Można, a nawet trzeba się zapytać, czy tu nie działa również jakaś inna jeszcze „ideologia zła", w pewnym sensie głębsza i ukryta, usiłująca wykorzystać nawet prawa człowieka przeciwko człowiekowi oraz przeciwko rodzinie.

Dlaczego się to wszystko dzieje? Jaki jest korzeń tych ideologii pooświeceniowych? Odpowiedź jest jednoznaczna i prosta: dzieje się to po prostu dlatego, że odrzucono Boga jako Stwórcę, a przez to jako źródło stanowienia o tym, co dobre, a co złe. Odrzucono to, co najgłębiej stanowi o człowieczeństwie, czyli pojęcie „natury ludzkiej" jako „rzeczywistości", zastępując ją „wytworem myślenia" dowolnie kształtowanym i dowolnie zmienianym według okoliczności. Sądzę, że gruntowne przemyślenie tej sprawy mogłoby nas zaprowadzić poza cezurę kartezjańską. Jeżeli sensownie chcemy mówić o dobru i złu, musimy wrócić do św. Tomasza z Akwinu, to jest do filozofii bytu. Można na przykład metodą fenomenologiczną analizować doświadczenia, takie jak doświadczenie moralności, religii czy też człowieczeństwa, wzbogacając w znaczący sposób nasze poznanie. Nie można jednak zapominać, że te wszystkie analizy poniekąd milcząco zakładają rzeczywistość bytu ludzkiego, to znaczy bytu stworzonego, a także rzeczywistość Bytu Absolutnego. Jeżeli nie wychodzimy od tego „realistycznego" założenia, poruszamy się w próżni.

3.
Miara wyznaczona złu
w dziejach Europy

Ludziom wydaje się czasem, że zło jest wszechpotężne, że panuje niepodzielnie na tym świecie. Czy według Waszej Świątobliwości istnieje jakaś określona miara, której zło nie może przekroczyć?

Dane mi było doświadczyć osobiście „ideologii zła". To jest coś, czego nie da się zatrzeć w pamięci. Najpierw nazizm. To, co się widziało w tamtych latach, było okropne. A wielu wymiarów nazizmu w tamtym okresie przecież się nie widziało. Rzeczywisty wymiar zła, które przeszło przez Europę, nie wszystkim nam był znany, nawet tym spośród nas, którzy żyli w samym jego środku. Żyliśmy pogrążeni w jakimś wielkim „wybuchu" zła i dopiero stopniowo zaczęliśmy sobie zdawać sprawę z jego rzeczywistych wymiarów. Odpowiedzialni za zło starali się bowiem za wszelką cenę ukryć swe zbrodnie przed oczami świata. Zarówno naziści w czasie wojny, jak i potem komuniści na wschodzie Europy starali się ukryć przed opinią światową to, co robili. Zachód długo przecież nie chciał uwierzyć w eksterminację Żydów. Dopiero potem wyszło to na jaw w całej pełni. Nawet w Polsce nie wiedziało się o wszystkim, co robili naziści z Polakami, co Sowieci zrobili z oficerami polskimi w Katyniu, a tragiczne dzieje deportacji znane były tylko po części.

Później, już po zakończeniu wojny, myślałem sobie: Pan Bóg dał hitleryzmowi dwanaście lat egzystencji i po dwunastu latach system ten się zawalił. Widocznie taka była miara, jaką Opatrzność Boża wyznaczyła temu szaleństwu. Prawdę mówiąc, to było nie tylko szaleństwo – to było jakieś „bestialstwo", jak napisał Konstanty Michalski (por. *Między heroizmem a bestialstwem*). A więc Opatrzność Boża wymierzyła temu bestialstwu tylko dwanaście lat. Jeżeli komunizm przeżył dłużej – myślałem – i jeśli ma przed sobą jakąś perspektywę dalszego rozwoju, to musi być w tym jakiś sens.

Wtedy, w pierwszych latach powojennych, komunizm jawił się jako bardzo mocny i groźny – o wiele bardziej niż w roku 1920. Już wtedy zdawało się, że komuniści podbiją Polskę i pójdą dalej do Europy Zachodniej, że zawojują świat. W rzeczywistości wówczas do tego nie doszło. „Cud nad Wisłą", zwycięstwo Piłsudskiego w bitwie z Armią Czerwoną, zatrzymał te sowieckie zakusy. Po zwycięstwie w II wojnie światowej nad faszyzmem komuniści z całym impetem szli znowu na podbój świata, a w każdym razie Europy. Doprowadziło to z początku do podziału kontynentu na strefy wpływów, zgodnie z porozumieniem zawartym na konferencji w Jałcie w lutym 1945 roku. Był to układ, który komuniści pozornie respektowali, naruszając go jednocześnie na różne sposoby, przede wszystkim poprzez inwazję ideologiczną i propagandę polityczną nie tylko w Europie, ale i w innych częściach świata. Stało się więc dla mnie jasne, że ich panowanie potrwa dłużej niż nazizm. Jak długo? Trudno było przewidzieć. Można było myśleć, że i to zło było w jakimś sensie potrzebne światu i człowiekowi. Zdarza się bowiem, że w konkretnym realistycznym układzie ludzkiego bytowania zło w jakimś sensie jawi się jako potrzebne – jest potrzebne o tyle, o ile daje okazję do dobra. Czy Johann Wolfgang von Goethe nie powiedział o diable: *ein Teil von jener Kraft, die stets das Böse will und stets das Gute schafft* – „jestem częścią tej siły, która pragnie zła, a czyni dobro"*. Św. Paweł na swój sposób wzywa: „Nie daj się zwyciężyć złu, ale zło dobrem zwyciężaj" (Rz 12, 21). Ostatecznie, zastanawiając się nad złem, dochodzimy do uznania większego dobra.

Jeżeli zatrzymałem się tu, aby uwydatnić miarę wyznaczoną złu w dziejach Europy, to muszę zaraz dodać, że ta miara jest wyznaczona przez dobro – dobro boskie i ludzkie, które się objawiło w tych samych dziejach, w ciągu minionego stulecia, a także w ciągu całych tysiącleci. Tak czy owak, zła doznanego nie zapomina się łatwo. Można je tylko przebaczyć. A co to znaczy przebaczyć? To znaczy odwołać się do dobra, które jest większe od jakiegokolwiek zła. Ostatecznie takie dobro ma swoje źródło tylko w Bogu. Tylko Bóg jest takim Dobrem. Ta miara wyznaczona złu przez boskie dobro stała się udziałem dziejów człowieka, w szczególności dziejów Europy, za sprawą Chrystusa. Chrystusa nie da się więc odłączyć od dziejów człowieka. To samo powiedziałem podczas moich pierwszych odwiedzin w Polsce, w Warszawie, na placu Zwycięstwa. Mówiłem wtedy, że nie można odłączyć Chrystusa od dziejów mojego narodu. Czy można oddzielić Go od dziejów jakiegokolwiek narodu? Czy można oddzielić Go od dziejów Europy? To przecież w Nim wszystkie narody i ludzkość cała mogą przekroczyć „próg nadziei"!

---

* Johann Wolfgang Goethe, *Faust*, akt I, sc. 3: *Pracownia*, tłum. Bernard Antochewicz, Wrocław 1978, s. 44.

4.

Odkupienie jako boska miara
wyznaczona złu

Jak należy rozumieć bliżej tę miarę zła, o której mówimy?
Na czym polega istota tego ograniczenia?

Kiedy mówię „miara wyznaczona złu", myślę przede wszystkim o mierze historycznej, która za sprawą Opatrzności została wyznaczona złu totalitaryzmów XX stulecia: złu narodowego socjalizmu, a potem marksistowskiego komunizmu. Trudno mi jednak w tej perspektywie oprzeć się jeszcze innym refleksjom, które mają charakter teologiczny. Nie chodzi tutaj o ten rodzaj rozważań, który czasami zwykło się nazywać „teologią historii". Chodzi raczej o ten wymiar myślenia, który przez refleksję teologiczną wnika w głębię, aż do poznania korzeni zła, aby odkryć możliwość jego przezwyciężenia dzięki dziełu Chrystusa.

Tym, który może wyznaczyć ostateczną miarę zła, jest sam Bóg. On bowiem jest samą Sprawiedliwością. Jest nią, ponieważ jest Tym, który za dobro wynagradza, a za zło karze, z doskonałą zgodnością z rzeczywistością. Chodzi tutaj o wszelkie zło moralne, chodzi o grzech. Bóg osądzający i karzący jawi się na horyzoncie dziejów człowieka już w ziemskim raju. Księga Rodzaju szczegółowo opisuje karę, jaką ponieśli pierwsi rodzice po swoim grzechu (por. Rdz 3, 14–19). Ich kara przeniosła się na całą historię człowieka. Grzech pierworodny jest bowiem grzechem dziedzicznym. Jako taki, oznacza on pewną wrodzoną grzeszność człowieka, skłonność do złego raczej niż do dobrego, która w nim tkwi. Jest w człowieku pewna słabość wrodzona natury moralnej, która idzie w parze z kruchością jego bytu, z kruchością psychofizyczną. Z tą kruchością łączą się różnorakie cierpienia, które Biblia od pierwszych stron wskazuje jako karę za grzech.

Można więc powiedzieć, że dzieje człowieka od początku są naznaczone miarą, którą Bóg Stwórca wyznacza złu. Wiele na ten temat powiedział II Sobór Watykański w Konstytucji *Gaudium et spes*. Warto by tu przypomnieć zwłaszcza wykład wprowadzający, jaki Sobór poświęca sytuacji człowieka w świecie współczesnym – ale nie tylko współczesnym. Ograniczę się do pewnych przytoczeń na temat grzechu i grzeszności człowieka: „Człowiek bowiem, badając swoje serce, stwierdza, że jest skłonny również do złego i że jest pogrążony w rozlicznych nieprawościach, które nie mogą pochodzić od jego dobrego Stwórcy. Często, wzbraniając się uznać Boga za źródło swego pochodzenia, niszczy także właściwe nastawienie do swego ostatecznego celu, a tym samym porządek w sobie samym i właściwą postawę wobec innych ludzi i wszystkich rzeczy stworzonych.

Tak więc człowiek jest w sobie samym podzielony, stąd całe życie ludzi, czy to indywidualne, czy też zbiorowe, okazuje się dramatyczną walką pomiędzy dobrem i złem, pomiędzy światłem i ciemnością. Co więcej, człowiek stwierdza swoją niezdolność do samodzielnego i skutecznego zwalczania ataków zła, tak że każdy czuje się jak gdyby spętany więzami niemocy. Jednak sam Pan przyszedł, aby wyzwolić i umocnić człowieka, odmieniając go wewnętrznie i wyrzucając precz władcę tego świata (por. J 12, 31), który zatrzymywał go w niewoli grzechu. Grzech zaś degraduje samego człowieka, ponieważ nie pozwala mu osiągnąć jego pełni.

W świetle tego Objawienia zarówno wzniosłe powołanie, jak i głęboka nędza, których doświadczają ludzie, znajdują ostateczne wytłumaczenie" (n. 13).

Tak więc nie sposób mówić o „mierze wyznaczonej złu", nie biorąc pod uwagę treści przytoczonych słów. Sam Bóg przyszedł, ażeby nas zbawić, ażeby wyzwalać człowieka od zła, a to przyjście Boga, ten „Adwent", który tak radośnie przeżywamy w okresie poprzedzającym Boże Narodzenie, ma charakter odkupieńczy. Niepodobna myśleć o mierze, jaką Bóg wyznacza złu pod jego różnymi postaciami, nie odwołując się do tajemnicy odkupienia.

Czy tajemnica odkupienia jest również odpowiedzią na to zło dziejowe, które powraca w historii człowieka pod różnymi postaciami? Czy jest ona odpowiedzią na zło naszych czasów? Zdawać by się mogło, że zło obozów koncentracyjnych, komór gazowych, okrucieństwa pewnych działań służb policyjnych, wreszcie samej wojny totalnej oraz ustrojów opartych na przemocy – że to zło, które również programowo przekreślało obecność krzyża – było mocniejsze. Jeśli jednak popatrzymy nieco wnikliwiej na dzieje ludów i narodów, które przeszły przez próbę systemów totalitarnych i prześladowań za wiarę, wówczas odkryjemy tam wyraźną, zwycięską obecność krzyża Chrystusowego. A na tak dramatycznym tle ta obecność jawi się jako jeszcze bardziej przejmująca. Tym, którzy są poddani programowemu oddziaływaniu zła, nie pozostaje nikt inny i nic innego poza Chrystusem i krzyżem, jako źródłem duchowej samoobrony, jako rękojmią zwycięstwa. Czyż takim znakiem zwycięstwa nad złem nie stał się św. Maksymilian Kolbe w oświęcimskim obozie zagłady? Czy nie jest nim historia św. Edyty Stein – wielkiej myślicielki ze szkoły Husserla – która podzieliła los wielu synów i córek Izraela, spalona w krematorium w Brzezince? A prócz tych dwóch postaci, które zwykło się razem wymieniać, tyle innych, które w owych bolesnych dziejach były wielkie wielkością świadectwa dawanego wśród współwięźniów Chrystusowi ukrzyżowanemu i zmartwychwstałemu.

Tajemnica Chrystusowego odkupienia jest bardzo głęboko zakorzeniona w naszej egzystencji. Życie współczesne zostało zdominowane przez cywilizację techniczną, ale i tutaj sięga skuteczność tej tajemnicy, jak nam to przypomniał II Sobór Watykański: „Na pytanie, w jaki sposób można przezwyciężyć to nieszczęście, chrześcijanie odpowiadają, że wszystkie działania ludzkie, które na skutek pychy i nieumiarkowanej miłości własnej codziennie narażane są na niebezpieczeństwo, powinny być oczyszczane i doprowadzane do doskonałości przez krzyż i zmartwychwstanie Chrystusa. Odkupiony przez Chrystusa i uczyniony w Duchu Świętym nowym stworzeniem, człowiek może i powinien kochać rzeczy stworzone przez Boga. Od Boga bowiem je otrzymuje i jako dar Boga poważa i szanuje. Składając za nie dzięki Dobroczyńcy, używając stworzenia i korzystając z niego w ubóstwie i wolności ducha, dochodzi do prawdziwego posiadania świata, jako ten, który nic nie ma, a posiada wszystko. »Wszystko jest wasze, wy zaś Chrystusa, a Chrystus – Boga« (1 Kor 3, 22n)" (n. 37).

Można powiedzieć, że poprzez całą Konstytucję *Gaudium et spes* Sobór rozwija definicję świata, którą znajdujemy na samym początku dokumentu: „Ma on [Sobór] (...) przed oczami świat ludzi, czyli całą rodzinę ludzką wraz z całokształtem rzeczywistości, wśród której ona żyje; świat, widownię dziejów rodzaju ludzkiego, naznaczony jego przedsiębiorczością, klęskami i zwycięstwami; świat, który jak wierzą chrześcijanie, został stworzony i jest zachowywany dzięki miłości Stworzyciela, popadł w niewolę grzechu, lecz po złamaniu przez ukrzyżowanego i zmartwychwstałego Chrystusa mocy Złego został wyzwolony, aby przeobrazić się zgodnie z zamierzeniem Boga i osiągnąć doskonałość" (n. 2).

Przeglądając strony *Gaudium et spes*, można zauważyć, że wciąż powracają te „pojęcia podstawowe": krzyż, zmartwychwstanie, tajemnica paschalna. A wszystkie te słowa mówią razem: odkupienie. Świat został odkupiony przez Boga. Scholastycy ujmowali to w wyrażeniu *status naturae redemptae* – „stan natury odkupionej". Chociaż Sobór prawie że nie używa słowa „odkupienie", jednak w tylu miejscach o nim mówi. W ujęciu soborowym odkupienie ma charakter paschalny i jest związane z momentem kulminacyjnym, którym jest zmartwychwstanie. Czy była jakaś racja przemawiająca za tym wyborem? Kiedy zapoznałem się bliżej z teologią wschodnią, zrozumiałem lepiej, iż takie ujęcie miało w tle ważny rys ekumeniczny. W akcentowaniu zmartwychwstania znajduje wyraz duchowość wielkich Ojców chrześcijańskiego Wschodu. Jeśli odkupienie jest tą boską miarą wyznaczoną złu, to nie dla czego innego, jak tylko dlatego, że w nim zło zostaje w sposób radykalny przezwyciężone dobrem, nienawiść miłością, śmierć zmartwychwstaniem.

5.
Tajemnica odkupienia

W świetle tych rozważań jawi się potrzeba jakiejś pełniejszej odpowiedzi na kwestię natury odkupienia. Czym jest zbawienie w kontekście owego zmagania się dobra ze złem, w którym bytuje człowiek?

Czasami to zmaganie się bywa przedstawiane w postaci wagi. W nawiązaniu do tego symbolu można by powiedzieć, że Bóg, składając ofiarę ze swego Syna na krzyżu, złożył na szali dobra to zadośćuczynienie o nieskończonej wartości, ażeby ono mogło zawsze ostatecznie przeważać. Słowo „Odkupiciel" ma w swym polskim rdzeniu wyrazowym coś z „kupowania", coś z „wykupywania". Zresztą tak też jest z łacińskim określeniem *Redemptor*, którego etymologia łączy się z czasownikiem *redimere* (wykupić). Właśnie ta analiza etymologiczna może nas przybliżyć do zrozumienia rzeczywistości odkupienia.

Łączą się z nią w sposób bardzo bliski takie pojęcia, jak odpuszczenie, a także usprawiedliwienie. Jedno i drugie należy do języka Ewangelii. Chrystus odpuszczał grzechy, podkreślając z mocą, że Syn Człowieczy ma władzę odpuszczania grzechów. Kiedy przyniesiono Mu człowieka sparaliżowanego, powiedział naprzód: „Dziecko, odpuszczają ci się twoje grzechy" (Mk 2, 5), a potem dodał: „Wstań, weź swoje nosze i idź do swego domu!" (Mk 2, 11). W ten sposób pośrednio zaznaczył, że grzech jest większym złem aniżeli paraliż ciała. Kiedy zaś po zmartwychwstaniu po raz pierwszy przyszedł do wieczernika, gdzie byli zgromadzeni Apostołowie, pokazał im swoje przebite ręce, nogi i bok, a potem tchnął na nich i rzekł: „Weźmijcie Ducha Świętego! Którym odpuścicie grzechy, są im odpuszczone, a którym zatrzymacie, są im zatrzymane" (J 20, 22–23). W ten sposób Chrystus objawił, że władza odpuszczania grzechów, którą posiada tylko sam Bóg, zostaje udzielona Kościołowi. Równocześnie potwierdził raz jeszcze to, że grzech jest największym złem, od którego człowiek musi być uwolniony, a zarazem ukazał, że moc wyzwolenia człowieka z grzechu jest powierzona Kościołowi dzięki odkupieńczej męce i śmierci Chrystusa.

Św. Paweł wyrazi tę samą prawdę jeszcze głębiej w pojęciu usprawiedliwienia. Nauka o usprawiedliwieniu ma w listach Apostoła – przede wszystkim w Liście do Rzymian i do Galatów – także wymiar polemiczny. Paweł, wychowany w szkołach faryzeuszów, specjalistów od egzegezy Starego Przymierza, występuje przeciw ich przekonaniu, że źródłem usprawiedliwienia jest Prawo. Twierdzi on, że w rzeczywistości człowiek nie dostępuje usprawiedliwienia poprzez uczynki, które płyną z wypełniania Prawa – zwłaszcza wszystkich szczegółowych przepisów o charakterze rytualnym, do których przywiązywano wielką wagę. Usprawiedliwienie ma swoje źródło w wierze w Chrystusa (por. Ga 2, 15–21). Chrystus ukrzyżowany usprawiedliwia grzesznego człowieka za każdym razem, gdy ten, opierając się na wierze w odkupienie przez Niego dokonane, żałuje za swoje grzechy, nawraca się i powraca do

Boga jako swego Ojca. Tak więc pojęcie usprawiedliwienia jest poniekąd głębszym jeszcze wyrazem tego, co zawiera się w tajemnicy odkupienia. Nie wystarczą tylko ludzkie wysiłki, ażeby zostać usprawiedliwionym przed Bogiem. Konieczne jest, by zadziałała łaska, która wypływa z ofiary Chrystusa. Tylko bowiem krzyżowa ofiara Chrystusa posiada moc przywracania człowiekowi sprawiedliwości przed Bogiem.

Zmartwychwstanie Chrystusa świadczy o tym, że tylko miara dobra, jaką Bóg wprowadza w dzieje człowieka poprzez tajemnicę odkupienia, jest tej wielkości, że w całej pełni odpowiada ona prawdzie bytu ludzkiego. Tajemnica paschalna staje się zatem ostatecznym wymiarem bytowania człowieka w świecie stworzonym przez Boga. W tej tajemnicy została nam objawiona nie tylko prawda eschatologiczna, pełnia Ewangelii, czyli Dobrej Nowiny. Jaśnieje w niej światło, które spływa na całą ludzką egzystencję w doczesności i w konsekwencji odzwierciedla się w świecie stworzonym. Poprzez swoje zmartwychwstanie Chrystus poniekąd „usprawiedliwił" dzieło stworzenia, a szczególnie stworzenia człowieka, w tym sensie, że objawił „właściwą miarę" dobra, jaką Bóg zamierzył na początku ludzkiej historii. Taka miara nie jest tylko tą przewidzianą przez Niego w akcie stworzenia, a potem zniweczoną przez grzech człowieka. Jest to miara nadobfita, w której pierwotny zamysł realizuje się jeszcze pełniej (por. Rdz 3, 14–15). W Chrystusie człowiek jest wezwany do nowego życia – życia syna w Synu, które doskonale wyraża chwałę Boga: *gloria Dei vivens homo* – „chwałą Boga żyjący człowiek" (Św. Ireneusz, *Adversus haereses* IV, 20, 7).

6.
Odkupienie:
zwycięstwo zadane człowiekowi

Odkupienie, odpuszczenie, usprawiedliwienie są więc
wyrazem miłości Boga do człowieka i Jego miłosierdzia
okazywanego człowiekowi. Jak ma się jednak tajemnica
odkupienia do wolności człowieka? Jak w świetle
odkupienia przedstawia się droga, którą człowiek ma obrać,
realizując swą wolność?

W tajemnicy odkupienia zwycięstwo Chrystusa nad złem jest dane człowiekowi nie tylko jako osobista korzyść, ale także jako zadanie. Człowiek podejmuje je, wchodząc na drogę życia wewnętrznego, to znaczy na drogę świadomej pracy nad sobą – tej pracy, w której Mistrzem jest Chrystus. Ewangelia wzywa człowieka do pójścia tą właśnie drogą. Chrystusowe „Pójdź za Mną!" rozbrzmiewa na wielu kartach Ewangelii i jest kierowane do różnych osób – nie tylko do tych rybaków galilejskich, których Jezus powołuje na swoich apostołów (por. Mt 4, 19; Mk 1, 17; J 1, 43), ale także na przykład do bogatego młodzieńca, o którym wspominają Synoptycy (por. Mt 19, 16–22; Mk 10, 17–22; Łk 18, 18–23). Rozmowa Jezusa z tym młodzieńcem jest jednym z kluczowych tekstów, do których wciąż na różne sposoby wypada powracać, tak jak to uczyniłem na przykład w encyklice *Veritatis splendor* (por. nn. 6–27).

„Pójdź za Mną" jest zaproszeniem do wejścia na tę drogę, po której prowadzi nas wewnętrzna dynamika tajemnicy odkupienia. Do tej drogi odnosi się szeroko rozpowszechniona w traktatach o życiu duchowym i doświadczeniach mistycznych nauka o trzech etapach, jakie musi przejść ten, kto chce „naśladować Chrystusa". Te trzy etapy same bywają też nazywane „drogami". Mówi się więc o drodze oczyszczenia, oświecenia i zjednoczenia. Nie są to jednak trzy różne drogi, ale trzy etapy jednej i tej samej drogi, na którą Chrystus zaprasza każdego człowieka, tak jak kiedyś zaprosił owego ewangelicznego młodzieńca.

Kiedy młodzieniec pyta: „Nauczycielu, co dobrego mam czynić, aby otrzymać życie wieczne?", Chrystus odpowiada: „Jeśli chcesz osiągnąć życie, zachowuj przykazania" (Mt 19, 16–17). A kiedy młodzieniec w dalszym ciągu pyta: „Które?", Chrystus po prostu przypomina główne przykazania Dekalogu, a przede wszystkim te z tak zwanej drugiej tablicy, czyli te, które odnoszą się do obcowania z bliźnimi. Wiadomo jednak, że w nauczaniu Chrystusa wszystkie przykazania streszczają się w przykazaniu miłości Boga nade wszystko, a bliźniego jak siebie samego. Zwraca na to wyraźnie uwagę uczonemu w Prawie, który zapytał Go o najważniejsze przykazanie (por. Mt 22, 34–40; Mk 12, 28–31). Zachowywanie przykazań, jeśli dobrze rozumiane, jest synonimem drogi oczyszczającej: znaczy bowiem przezwyciężanie grzechu, moralnego zła w jego różnorakich formach. To zaś prowadzi ku sukcesywnemu oczyszczeniu wewnętrznemu.

Równocześnie pozwala to odkrywać wartości. Tak więc można powiedzieć, że droga oczyszczająca przechodzi niejako organicznie w drogę oświecającą. Wartości bowiem są tymi światłami, które rozjaśniają bytowanie, a w miarę jak człowiek pracuje nad sobą, coraz intensywniej świecą na horyzoncie jego życia. Jeśli człowiek zachowuje przykazania – co ma znaczenie przede wszystkim oczyszczające – równocześnie rozwijają się w nim cnoty. I tak na przykład, zachowując przykazanie: „Nie zabijaj!", człowiek odkrywa wartość życia pod różnymi postaciami i uczy się coraz głębszego szacunku dla życia. Zachowując przykazanie: „Nie cudzołóż!", człowiek nabiera cnoty czystości, a to znaczy, że coraz pełniej poznaje bezinteresowne piękno ciała ludzkiego, męskości i kobiecości. Właśnie to bezinteresowne piękno staje się światłem dla jego uczynków. Zachowując przykazanie: „Nie mów fałszywego świadectwa!", człowiek uczy się cnoty prawdomówności. Nie tylko wyklucza ze swego życia kłamstwo i wszelkie zakłamanie, ale rozwija w sobie jak gdyby „instynkt prawdy", która kieruje całym jego postępowaniem. Kiedy zaś w ten sposób żyje w prawdzie, nadaje swemu człowieczeństwu niejako znamię naturalnej prawdziwości.

W ten sposób etap oświecający drogi życia wewnętrznego wyłania się stopniowo z etapu oczyszczającego. Z biegiem czasu, jeżeli człowiek wytrwale postępuje za Mistrzem, którym jest Chrystus, coraz mniej odczuwa ciężar zwalczania w sobie grzechu, a coraz bardziej raduje się światłem Bożym, które przenika całe stworzenie. Jest to ogromnie ważne, gdyż pozwala człowiekowi wyjść z sytuacji nieustannego zagrożenia wewnętrznego przez grzech – który jednak na tej ziemi w jakimś stopniu pozostaje zawsze obecny – i poruszać się coraz swobodniej pośród całego stworzonego świata. Zachowuje tę swobodę i prostotę w obcowaniu z innymi osobami ludzkimi, również z osobami innej płci. Światło wewnętrzne oświeca jego uczynki i pozwala mu widzieć całe dobro świata stworzonego, które pochodzi z ręki Bożej. W ten sposób droga oczyszczająca, a następnie oświecająca stanowią organiczne wprowadzenie do tego, co nazywa się drogą jednoczącą. Jest to ostatni etap drogi wewnętrznej, w którym dusza doświadcza szczególnego zjednoczenia z Bogiem. Zjednoczenie dokonuje się przez kontemplację Bożej istoty oraz przez doświadczenie miłości, która z tej kontemplacji wypływa z coraz większą intensywnością. W ten sposób można w pewnej mierze antycypować to, co ma być udziałem człowieka w wieczności, poza granicą śmierci i grobu. Istotnie, Chrystus jako najwyższy Mistrz życia duchowego, a także ci wszyscy, którzy kształtowali się w Jego szkole, uczą, że na drogę zjednoczenia z Bogiem można wejść już w tym życiu.

Soborowa Konstytucja dogmatyczna *Lumen gentium* mówi: „Chrystus, który stał się posłuszny aż do śmierci i dlatego został wywyższony przez Ojca (por. Flp 2, 8n), wszedł do chwały swego Królestwa. Jemu wszystko jest poddane, dopóki sam siebie i wszystkiego nie podda Ojcu, aby Bóg był wszystkim we wszystkich (por. 1 Kor 15, 27n)" (n. 36). Jak widać, Sobór porusza się w bardzo szerokim kontekście, tłumacząc, na czym polega uczestnictwo w królewskim posłannictwie Chrystusa. Równocześnie te soborowe słowa pomagają nam zrozumieć, jak może realizować się to zjednoczenie z Bogiem w życiu doczesnym. Jeżeli droga królewska, którą wskazuje Chrystus, prowadzi ostatecznie do tego, aby „Bóg był wszystkim we wszystkich", to zjednoczenie z Bogiem w tym życiu dokonuje się na tej właśnie zasadzie. Człowiek we wszystkim znajduje Boga, we wszystkim i poprzez wszystko z Nim obcuje. Rzeczy stworzone przestają być dla niego zagrożeniem, jak to było na etapie drogi oczyszczającej. Rzeczy, a w szczególności osoby, nie tylko odzyskują właściwe sobie światło, które w nich zawarł Bóg jako Stwórca, ale, jeśli tak można się wyrazić, „udostępniają" Boga samego, tak jak On sam zechciał się człowiekowi objawić: jako Ojca, jako Odkupiciela i jako Oblubieńca.

LIBERO ARBITRIO

WOLNOŚĆ
I ODPOWIEDZIALNOŚĆ

7.

O właściwe
używanie wolności

Po upadku systemów totalitarnych, w których zniewolenie ludzi doszło do zenitu, otworzyła się dla uciśnionych obywateli perspektywa wolności, perspektywa stanowienia o sobie. W tej kwestii wyrażono już wiele opinii. Ostatecznie pytanie można sformułować tak: Jak wykorzystać tę możliwość wolnej decyzji, aby w przyszłości można było uniknąć zła związanego z tymi systemami, z tymi ideologiami?

Jeżeli po upadku systemów totalitarnych społeczeństwa poczuły się wolne, to prawie równocześnie zrodził się inny podstawowy problem – problem użycia wolności. A problem ten ma wymiar nie tylko indywidualny, ale także zbiorowy. Domaga się on rozwiązania niejako systemowego. Jeżeli jestem wolny, to znaczy, że mogę używać własnej wolności dobrze albo źle. Jeżeli używam jej dobrze, to i ja sam przez to staję się dobry, a dobro, które spełniam, wpływa pozytywnie na otoczenie. Jeżeli zaś źle jej używam, konsekwencją tego jest zakorzenianie się i rozprzestrzenianie zła we mnie i w moim środowisku. Niebezpieczeństwo obecnej sytuacji polega na tym, że w użyciu wolności usiłuje się abstrahować od wymiaru etycznego – to znaczy od wymiaru dobra i zła moralnego. Specyficzne pojmowanie wolności, które szeroko rozpowszechnia się dziś w opinii publicznej, odsuwa uwagę człowieka od odpowiedzialności etycznej. To, na czym dziś koncentruje się uwaga, to sama wolność. Mówi się: ważne jest, ażeby być wolnym i wykorzystywać tę wolność w sposób niczym nie skrępowany, wyłącznie według własnych osądów, które w rzeczywistości są tylko zachciankami. To jasne: jest to forma liberalizmu prymitywnego. Jego wpływ, tak czy owak, jest niszczący.

Trzeba jednak zaraz dodać, że tradycje europejskie, zwłaszcza okresu oświeceniowego, uznają konieczność jakiegoś kryterium używania wolności. Kryterium tym nie jest jednak dobro godziwe (*bonum honestum*), ale raczej użyteczność i przyjemność. Tutaj natrafiamy na bardzo istotne złoże tradycji myśli europejskiej, któremu trzeba poświęcić nieco więcej uwagi.

W działaniu człowieka poszczególne władze duchowe dążą ku syntezie. W syntezie tej główną rolę odgrywa wola. Dzięki temu zaznacza się w działaniu charakter rozumny ludzkiego podmiotu. Akty ludzkie są wolne, a jako takie, domagają się odpowiedzialności podmiotu. Człowiek chce określonego dobra, wybiera je i z kolei odpowiada za swój wybór.

Na tle takiej metafizycznej, a zarazem antropologicznej wizji dobra kształtuje się podział, który ma już charakter przede wszystkim etyczny. Jest to podział, a raczej rozróżnienie dobra godziwego (*bonum honestum*), dobra użytecznego (*bonum utile*) oraz dobra przyjemnego (*bonum delectabile*). Te trzy odmiany dobra określają ludzkie działanie w sensie organicznym. Działając, człowiek wybiera jakieś dobro, które dla tego działania staje się celem. Jeżeli podmiot wybiera *bonum hone-*

stum, jego cel jest zgodny z samą istotą przedmiotu działania, a więc jest to działanie słuszne. Kiedy zaś przedmiotem wyboru jest *bonum utile*, celem jest korzyść, jaką czerpie podmiot. Problem odpowiedzialności moralnej pozostaje jeszcze otwarty: tylko w przypadku gdy działanie, z którego wynika dobro użyteczne, jest godziwe, i godziwe są środki, również cel osiągnięty można uważać za godziwy. Właśnie w odniesieniu do tej kwestii zaczyna się rozdwojenie pomiędzy tradycją etyki arystotelesowsko-tomistycznej a nowożytnym utylitaryzmem.

Utylitaryzm zapomniał o pierwszym i podstawowym wymiarze dobra, jakim jest *bonum honestum*. Utylitarystyczna antropologia i wynikająca z niej etyka wychodzą z założenia, że człowiek zasadniczo dąży do korzyści własnej i korzyści grupy, do której należy. Ostatecznie korzyść osobista czy kolektywna jest celem jego działania.

Jeśli chodzi o *bonum delectabile*, to istniało ono oczywiście także w tradycji arystotelesowsko-tomistycznej. Wielcy myśliciele tego nurtu, podejmując refleksję etyczną, zdawali sobie bowiem doskonale sprawę z tego, że spełnieniu dobra godziwego towarzyszy zawsze wewnętrzna radość – radość z dobra. Wymiar dobra i wymiar radości został w myśleniu utylitarystów przesłonięty poszukiwaniem użyteczności lub przyjemności. Tomistyczne *bonum delectabile* w nowym ujęciu niejako się wyemancypowało, stając się dobrem i celem samo dla siebie. Według wizji utylitarystycznej, człowiek szuka w swoich działaniach przede wszystkim przyjemności, a nie godziwości (*honestum*). Owszem, tacy utylitaryści jak Jeremy Bentham czy John Stuart Mill podkreślają, że nie chodzi tylko o przyjemności na poziomie zmysłowym. Wchodzą w grę również przyjemności duchowe. Mówią oni, że trzeba także brać pod uwagę tak zwany rachunek przyjemności. Właśnie ten rachunek, według ich sposobu myślenia, stanowi „normatywny" wyraz etyki utylitarystycznej: maksimum przyjemności dla jak największej liczby osób. Pod takim kątem należy kształtować działanie człowieka i współdziałanie ludzi.

Odpowiedź na etykę utylitarystyczną znalazła się w filozofii Immanuela Kanta. Filozof z Królewca słusznie dostrzegł, że to wysunięcie przyjemności na pierwszy plan w analizie ludzkiego działania jest niebezpieczne i zagraża samej istocie moralności. W swoim apriorycznym widzeniu rzeczywistości Kant zakwestionował dwie rzeczy równocześnie, a mianowicie przyjemność i użyteczność. Nie wrócił jednak do tradycji *bonum honestum*. Całą moralność ludzką oparł na apriorycznych formach umysłu praktycznego, mających charakter imperatywny. Zasadniczy dla moralności jest imperatyw kategoryczny, który wyraża się w formule: „Postępuj tylko według takiej maksymy, dzięki której możesz zarazem chcieć, żeby się stała powszechnym prawem"*.

Istnieje też druga postać imperatywu kategorycznego, która uwydatnia miejsce osoby w całym porządku moralności. Jej formuła brzmi następująco: „Postępuj tak, byś człowieczeństwa tak w twej osobie, jako też w osobie każdego innego używał zawsze zarazem jako celu, nigdy tylko jako środka"**. W tej formie cel i środek powracają w myśli etycznej Kanta, jednakże nie jako kategorie pierwszorzędne, tylko wtórne.

---

* Immanuel Kant, *Uzasadnienie metafizyki moralności*, tłum. Mścisław Wartenberg, Warszawa 1971, s. 50.
** Tamże, s. 62.

Kategorią pierwszorzędną staje się osoba. Kant poniekąd położył podwaliny pod nowoczesny personalizm w etyce. Z punktu widzenia rozwoju refleksji etycznej jest to bardzo ważny etap. Również i neotomiści podjęli zasadę personalizmu, opierając się na Tomaszowej koncepcji *bonum honestum*, *bonum utile* i *bonum delectabile*.

Z tego zwięzłego wywodu widać, że zagadnienie właściwego użycia wolności wiąże się ściśle z ludzkim myśleniem na temat dobra i zła. Jest to zagadnienie pasjonujące w znaczeniu nie tylko praktycznym, ale również teoretycznym. Jeżeli etyka jest filozoficzną nauką o dobru i złu moralnym, to musi czerpać swoje podstawowe kryterium oceny z istotnej właściwości ludzkiej woli, jaką jest wolność. Człowiek może czynić dobrze lub źle, ponieważ jego wola jest wolna, ale także omylna. Kiedy wybiera, czyni to zawsze według jakiegoś kryterium. Tym kryterium może być godziwość obiektywna lub też użyteczność w znaczeniu utylitarystycznym. Etyka absolutnego imperatywu Kanta słusznie uwydatniła zobowiązujący charakter moralnych rozstrzygnięć człowieka. Chyba jednak równocześnie oderwała się od tego, co stanowi prawdziwie obiektywne kryterium owych rozstrzygnięć: uwydatniała podmiotową powinność, natomiast oderwała się od tego, co jest fundamentem moralności, czyli od *bonum honestum*. Jeżeli zaś chodzi o *bonum delectabile*, w takim znaczeniu, jakim je rozumieli utylitaryści anglosascy, Kant w zasadzie wykluczył je z zakresu moralności.

Cały powyższy wywód dotyczący teorii dobra i zła należy do filozofii moralności. Poświęciłem tym zagadnieniom kilka lat pracy na Katolickim Uniwersytecie Lubelskim. Moje refleksje dotyczące tego tematu znalazły wyraz w książce *Miłość i odpowiedzialność*, potem w studium *Osoba i czyn*, a wreszcie, na dalszym jeszcze etapie, w środowych katechezach, które ukazały się w zbiorze pod tytułem *Mężczyzną i niewiastą stworzył ich*. Na podstawie późniejszych lektur, a także prac, jakie prowadziłem na seminarium etyki w Lublinie, mogłem się przekonać, jak bardzo ta tematyka odzywa się u różnych myślicieli współczesnych: u Maxa Schelera i innych fenomenologów, u Jeana Paula Sartre'a czy też u Emmanuela Levinasa i Paula Ricoeura, ale także u Władimira Sołowjowa, nie mówiąc już o Fiodorze Dostojewskim. Poprzez te analizy rzeczywistości antropologicznej przeziera na różne sposoby ludzka potrzeba odkupienia i potwierdza się konieczność Odkupiciela dla zbawienia człowieka.

8.
Wolność jest
dla miłości

Współczesna historia przyniosła nam obszerne i tragicznie wymowne dowody złego użycia wolności. Pozostaje jednak do wyjaśnienia w sposób pozytywny, na czym polega i do czego służy ludzka wolność?

Dotykamy tutaj problemu, który jeśli był ważny w całej naszej przeszłości, to stał się jeszcze ważniejszy w teraźniejszości, po wydarzeniach roku 1989. Czym jest ludzka wolność? Odpowiedź znajdujemy już u Arystotelesa. Dla Arystotelesa wolność jest własnością woli, która urzeczywistnia się przez prawdę. Jest zadana człowiekowi. Nie ma wolności bez prawdy. Wolność jest kategorią etyczną. Tego uczy Arystoteles przede wszystkim w swojej *Etyce nikomachejskiej*, zbudowanej jako system etyki filozoficznej. Ta naturalna etyka została w całości zaadoptowana przez św. Tomasza w jego *Sumie teologicznej*. W ten sposób *Etyka nikomachejska* trwa w dziejach moralności, jednak już z cechami etyki chrześcijańskiej, tomistycznej.

Św. Tomasz zaakceptował w całej pełni arystotelesowski system cnót. Dobro, które staje przed ludzką wolnością jako zadanie do spełnienia, to jest właśnie dobro cnoty. Chodzi przede wszystkim o tak zwane cztery cnoty kardynalne: roztropność, sprawiedliwość, męstwo i wstrzemięźliwość. Roztropność ma znaczenie kierownicze. Sprawiedliwość warunkuje ład społeczny. Wstrzemięźliwość i męstwo determinują natomiast ład wewnętrzny w człowieku, określają bowiem to dobro, które pozostaje w relacji do ludzkiej popędliwości i pożądliwości: *vis irascibilis – vis concupiscibilis*. Tak więc u podstaw *Etyki nikomachejskiej* stoi wyraźnie ściśle określona antropologia.

Do tego systemu cnót kardynalnych włączają się cnoty, które są im na różne sposoby przyporządkowane. Można powiedzieć, że system cnót warunkujących spełnianie się ludzkiej wolności w prawdzie jest systemem kompletnym. Nie jest to system abstrakcyjny i aprioryczny. Arystoteles wychodzi od doświadczenia podmiotu moralnego. Św. Tomasz również wychodzi od doświadczenia moralności, ale szuka dla niego także świateł zawartych w Piśmie Świętym. Największym światłem jest przykazanie miłości Boga i bliźniego. W nim wolność ludzka znajduje najpełniejsze urzeczywistnienie. Wolność jest dla miłości. Spełnianie jej przez miłość może osiągać również stopień heroiczny. Chrystus mówi o „dawaniu życia" za brata, za drugą istotę ludzką. W dziejach chrześcijaństwa nie brakowało tych, którzy na różne sposoby „dawali życie" za bliźnich, a dawali je, aby naśladować Chrystusa. Było tak szczególnie w przypadku męczenników, których świadectwo towarzyszy chrześcijaństwu od czasów apostolskich aż po nasze czasy. XX stulecie było wielkim wiekiem męczenników chrześcijańskich, i to zarówno w Kościele katolickim, jak i w innych Kościołach i Wspólnotach kościelnych.

Wracając do Arystotelesa, trzeba dodać, że obok *Etyki nikomachejskiej* pozostawił on jeszcze inne dzieło, dotyczące tym razem etyki społecznej. Nosi tytuł *Polityka*. Arystoteles nie odnosi się w nim do kwestii związanych z konkretną strategią życia politycznego, ale ogranicza się do określenia zasad etycznych, na których powinien się opierać każdy sprawiedliwy ustrój. Do *Polityki* Arystotelesowskiej nawiązuje katolicka nauka społeczna, która nabrała szczególnego znaczenia w czasach nowożytnych pod wpływem kwestii robotniczej. Od wielkiej encykliki Leona XIII *Rerum novarum*, jeszcze z roku 1891, XX stulecie naznaczone było szeregiem dokumentów Magisterium, które mają zasadnicze znaczenie dla różnorakich, narastających stopniowo kwestii społecznych. Encyklika *Quadragesimo anno* Piusa XI, ogłoszona z okazji czterdziestolecia *Rerum novarum*, odnosi się bezpośrednio do kwestii robotniczej. Natomiast Jan XXIII w *Mater et magistra* rozważa dogłębnie kwestię sprawiedliwości społecznej w odniesieniu do wielkich rzesz ludzi pracujących na roli; potem w encyklice *Pacem in terris* kreśli główne zasady sprawiedliwego pokoju i porządku międzynarodowego, podejmując i rozwijając pryncypia zarysowane już w niektórych ważnych wypowiedziach Piusa XII. Paweł VI w liście apostolskim *Octogesima adveniens* powraca do problemu pracy przemysłowej, zaś w encyklice *Populorum progressio* zatrzymuje się w sposób szczególny na analizie różnych aspektów sprawiedliwego postępu. Cała ta problematyka wejdzie również w zakres refleksji Ojców II Soboru Watykańskiego, a zwłaszcza będzie podjęta w Konstytucji *Gaudium et spes*. Wychodząc od podstawowej problematyki powołania osoby ludzkiej, dokument soborowy analizuje po kolei jego różnorakie wymiary. W szczególności zatrzymuje się na małżeństwie i rodzinie, zapytuje o kulturę, podejmuje złożone zagadnienia życia ekonomicznego, politycznego i społecznego zarówno w wymiarze narodowym, jak i międzynarodowym. Cała ta problematyka społeczna zostanie przypomniana przeze mnie w dwóch encyklikach: *Sollicitudo rei socialis* oraz *Centesimus annus*. Przedtem jeszcze osobną encyklikę poświęciłem ludzkiej pracy – *Laborem exercens*. Przewidziana na 90-lecie *Rerum novarum*, ukazała się z pewnym opóźnieniem z powodu zamachu na życie papieża.

Można powiedzieć, że u źródeł tych wszystkich dokumentów Magisterium znajduje się temat wolności człowieka. Wolność jest dana człowiekowi przez Stwórcę i jest mu równocześnie zadana. Poprzez wolność bowiem człowiek jest powołany do przyjęcia i realizacji prawdy. Wybierając i wypełniając prawdziwe dobro w życiu osobistym i rodzinnym, w rzeczywistości ekonomicznej i politycznej, czy wreszcie w środowisku narodowym i międzynarodowym, człowiek realizuje swoją wolność w prawdzie. Pozwala mu to unikać możliwych dewiacji, jakie zna historia, albo je przezwyciężać. Jedną z nich był z pewnością renesansowy makiawelizm; taką dewiacją były także różne formy utylitaryzmu społecznego, od klasowego (marksizm) do narodowego (narodowy socjalizm, faszyzm). Po upadku w Europie obu tych systemów staje przed społeczeństwami, zwłaszcza dawnego bloku sowieckiego, problem liberalizmu. Zagadnienie to było żywo dyskutowane w związku z encykliką *Centesimus annus*, a także, w innym aspekcie, w związku z encykliką *Veritatis splendor*. Powracają w tych dyskusjach odwieczne pytania, które już na końcu XIX stulecia podejmował Leon XIII, poświęcając problematyce wolności wiele encyklik.

Z tej pobieżnej analizy historii myśli na ten temat widać, jak bardzo podstawowe jest pytanie o ludzką wolność. Wolność jest sobą, jest wolnością w takiej mierze, w jakiej jest urzeczywistniana przez prawdę o dobru. Tylko wtedy ona sama jest dobrem. Jeżeli wolność przestaje być związana z prawdą, a uzależnia prawdę od siebie, tworzy logiczne przesłanki, które mają szkodliwe konsekwencje moralne. Ich rozmiary są czasami nieobliczalne. W tym przypadku nadużycie wolności wywołuje reakcję, która przyjmuje postać takiego czy innego systemu totalitarnego. Jest to jedna z form zniszczenia wolności, której skutków doświadczyliśmy w wieku XX i nie tylko.

9.
Nauka
z najnowszej historii

Ojciec Święty był naocznym świadkiem długiego i trudnego okresu w historii Polski i krajów byłego bloku wschodniego (1939–1989). Jaką naukę, według Waszej Świątobliwości, możemy wynieść z doświadczeń Jego kraju rodzinnego, a w szczególności z doświadczeń Kościoła w Polsce w tym okresie?

Pięćdziesiąt lat zmagań z totalitaryzmem stanowi okres niepozbawiony znaczenia opatrznościowego: wyrażała się w nich społeczna potrzeba samoobrony przed zniewoleniem całego narodu. Chodziło o samoobronę, która działała nie tylko w perspektywie negatywnej. Społeczeństwo nie tylko odrzucało hitleryzm jako system zmierzający do zniszczenia Polski, a z kolei komunizm jako system narzucony ze Wschodu, ale w swym oporze trzymało się wartości o wielkiej pozytywnej treści. Chcę powiedzieć, że nie chodziło o zwyczajne odrzucenie tamtych wrogich systemów. W owych czasach było to odzyskiwanie i potwierdzanie fundamentalnych wartości, jakimi społeczeństwo żyło i jakim pragnęło pozostać wierne. Odnoszę się tu zarówno do stosunkowo krótkiego okresu okupacji niemieckiej, jak i do czterdziestu z górą lat panowania komunistycznego, w czasach Polski Ludowej.

Czy proces ten był pogłębiony? Czy był to proces w pewnej mierze instynktowny? Być może, że w wielu wypadkach przejawiał raczej charakter instynktowny. Polacy swoim sprzeciwem wyrażali nie tyle jakiś wybór oparty na motywacjach teoretycznych, ile po prostu to, że nie mogą się nie sprzeciwiać. Była to sprawa jakiegoś instynktu czy intuicji, chociaż sprzyjało to również procesom pogłębiania świadomości wartości religijnych i ideałów społecznych, stanowiących fundament tego odrzucenia, na skalę nie znaną nigdy przedtem w dziejach Polski.

Pragnę przytoczyć tutaj rozmowę, jaką miałem podczas studiów w Rzymie z jednym z moich kolegów z kolegium, Flamandem z Belgii. Ten młody ksiądz był związany z dziełem ks. Josepha Cardijna, późniejszego kardynała. Dzieło to jest znane pod nazwą: JOC (*Jeunesse Ouvrière Chrétienne*), czyli Chrześcijańska Młodzież Robotnicza. W naszej rozmowie zeszliśmy na temat sytuacji, jaka ukształtowała się w Europie po zakończeniu II wojny światowej. Mój kolega powiedział mniej więcej tak: „Pan Bóg dopuścił, że doświadczenie tego zła, jakim jest komunizm, spadło na was... A dlaczego tak dopuścił?". I sam dał odpowiedź, którą uważam za znamienną: „Nam na Zachodzie zostało to oszczędzone, być może dlatego, że my na zachodzie Europy byśmy nie wytrzymali podobnej próby, a wy wytrzymacie". To zdanie młodego Flamanda wyryło się w mej pamięci. W jakiejś mierze miało ono znaczenie prorocze. Często do niego powracam myślą i coraz wyraźniej widzę, że te słowa zawierały pewną diagnozę. Oczywiście, nie można zbytnio upraszczać problemu, przesadnie podkreślając dychotomiczną wizję Europy podzielo-

nej na Zachód i Wschód. Kraje Europy Zachodniej mają naj-
dłuższą tradycję chrześcijańską. W krajach tych kultura chrześcijańska osiągnęła swoje szczyty. Ich narody ubogaciły Kościół wielką ilością świętych. W Europie Zachodniej powstały
wielkie dzieła sztuki: majestatyczne romańskie i gotyckie ka-
tedry, a potem barokowe bazyliki, malarstwo Giotta, Fra An-
gelica, niezliczonych artystów XV i XVI wieku, rzeźby Micha-
ła Anioła, kopuła Bazyliki św. Piotra i Kaplica Sykstyńska. Tu
ujrzały światło sumy teologiczne, a wśród nich najwspanialsza
Suma św. Tomasza z Akwinu; tu ukształtowały się najwyższe
tradycje chrześcijańskiej duchowości, dzieła mistyków i mi-
styczek w krajach germańskich, pisma św. Katarzyny ze Sieny
we Włoszech, św. Teresy z Ávila i św. Jana od Krzyża w Hisz-
panii. Tu narodziły się potężne zakony monastyczne, poczynając od zakonu św. Benedykta, którego można śmiało nazwać ojcem i wychowawcą całej Europy, i zasłużone zakony
żebracze, a wśród nich franciszkanie i dominikanie, aż do zgro-
madzeń Reformy katolickiej i wieków późniejszych, które przyniosły tyle dobra w Kościele. Wielka epopeja misyjna czerpała
przede wszystkim z europejskiego Zachodu, a dziś powstają
tam wspaniałe i dynamiczne ruchy apostolskie, których świadectwo nie może nie przynosić owoców również w porządku
doczesnym. W tym sensie można powiedzieć, że Chrystus jest
wciąż „kamieniem węgielnym" budowy i odbudowy społeczeństw chrześcijańskiego Zachodu.

Trudno jednak równocześnie nie dostrzec, że wciąż na
nowo daje o sobie znać odrzucenie Chrystusa. Wciąż ujaw-
niają się oznaki innej cywilizacji niż ta, której „kamieniem
węgielnym" jest Chrystus – cywilizacji, która jeśli nie jest pro-

gramowo ateistyczna, to jest na pewno pozytywistyczna i agno-
styczna, skoro kieruje się zasadą: myśleć i działać tak, „jakby
Bóg nie istniał". Takie ujęcie łatwo daje się odczytać we współczesnej tak zwanej mentalności naukowej, albo raczej scjen-
tystycznej, jak też w literaturze, a zwłaszcza w mass mediach.
A żyć tak, „jakby Bóg nie istniał", to znaczy ustawiać się poza
współrzędnymi dobra i zła, to jest poza tym kontekstem wartości, których On sam, Bóg, jest źródłem. Wysuwa się rosz-
czenie, ażeby człowiek sam stanowił o tym, co jest dobre, a co
złe. I ten program z różnych stron jest proponowany i propa-
gowany.

Jeżeli z jednej strony Zachód wciąż daje świadectwo działania ewangelicznego zaczynu, to równocześnie z drugiej nie
mniej mocne są prądy antyewangelizacji. Godzi ona w same
podstawy ludzkiej moralności, godzi w rodzinę i propaguje
moralny permisywizm, rozwody, wolną miłość, przerywanie
ciąży, antykoncepcję, walkę z życiem na etapie poczęcia, a także na etapie schyłku, manipulację życiem. Program ten jest
wspierany olbrzymimi środkami finansowymi, nie tylko w poszczególnych społeczeństwach, ale także w skali światowej.
Może bowiem dysponować potężnymi centrami wpływów
ekonomicznych, przez które usiłuje narzucać warunki krajom
będącym na drodze rozwoju. Wobec tego wszystkiego słusznie można się pytać, czy to nie jest również inna postać totali-
taryzmu, ukryta pod pozorami demokracji.

Być może więc, że ten mój flamandzki kolega miał to
wszystko na myśli, kiedy mówił: „Może my na Zachodzie nie
bylibyśmy w stanie wytrzymać podobnej próby. A wy wytrzymacie". Rzecz znamienna, że taką samą opinię usłyszałem,

już jako papież, z ust jednego z wybitnych polityków europejskich. Powiedział: „Jeżeli komunizm sowiecki pójdzie na Zachód, my nie będziemy w stanie się obronić... Nie ma siły, która by nas zmobilizowała do takiej obrony...". Wiemy, że komunizm upadł ostatecznie z powodu niewydolności społeczno-ekonomicznej tego systemu. Ale nie znaczy to, że został rzeczywiście odrzucony jako ideologia i jako filozofia. W pewnych kręgach na Zachodzie wciąż jeszcze jego zmierzch uważa się za szkodę i odczuwa jako brak.

Czego możemy się więc nauczyć z tych lat zdominowanych przez „ideologie zła" i walkę z nimi? Myślę, że musimy się nauczyć przede wszystkim sięgania do korzeni. Tylko wtedy zło wyrządzone przez faszyzm czy komunizm może nas w jakimś sensie ubogacać, może nas prowadzić do dobra, a to niewątpliwie jest program chrześcijański. „Nie daj się zwyciężyć złu, ale zło dobrem zwyciężaj" – pisze św. Paweł (Rz 12, 21). Z tego punktu widzenia my w Polsce możemy mieć osiągnięcia. Stanie się tak jednakże pod warunkiem, że nie zatrzymamy się na powierzchni, nie ulegniemy propagandzie tego oświecenia, któremu w jakiejś mierze oparli się już Polacy w XVIII wieku, aby dzięki temu w wieku XIX zdobyć się na taki wysiłek, który potem, po I i II wojnie światowej, doprowadził do odzyskania niepodległości. Hart ducha społeczeństwa ujawnił się później w walce z komunizmem, któremu Polska opierała się aż do zwycięstwa w roku 1989. Chodzi o to, ażebyśmy tego zwycięstwa teraz nie zmarnowali.

Na Kongresie Teologów Europy Środkowej i Wschodniej w Lublinie, w roku 1991, próbowano podsumować doświadczenia Kościołów z tego czasu walki z komunistycznym totalitaryzmem i dać o nich świadectwo. Teologia, jaka rozwinęła się w tej części Europy, nie jest teologią w znaczeniu zachodnim. Jest to coś więcej niż teologia w ścisłym znaczeniu. To jest właśnie świadectwo życia, świadectwo o tym, co to znaczy czuć się w Bożych rękach, co to znaczy „uczyć się Chrystusa", który powierzył siebie dłoniom Ojca aż do: „Ojcze, w ręce Twoje oddaję ducha mego" (Łk 23, 46), wypowiedzianego na krzyżu. Właśnie to znaczy „uczyć się Chrystusa": wniknąć w całą głębię tajemnicy Boga, który na tej drodze dokonuje odkupienia świata. Miałem okazję spotkać uczestników tego kongresu na Jasnej Górze, przy okazji Światowego Dnia Młodzieży, a następnie zapoznać się z treścią wielu ich wypowiedzi. Są to dokumenty, które nieraz zdumiewają swą prostotą i głębią zarazem.

Mówiąc o tych problemach, napotykamy jednak poważną trudność. Wiele ich złożonych aspektów często jest poza zasięgiem wypowiedzenia. Jest w tym wszystkim wszakże działanie Boga, które dokonuje się za ludzkim pośrednictwem: przez dobre dzieła ludzi, oczywiście, ale także przez ich błędy, z których Bóg jest w stanie wydobyć większe dobro. Całe XX stulecie było naznaczone jakimś szczególnym działaniem Boga, który jest Ojcem „bogatym w miłosierdzie" – *dives in misericordia...* (por. Ef 2, 4).

10.
Tajemnica miłosierdzia

*Czy mógłby Ojciec Święty zatrzymać się na tajemnicy
miłości i miłosierdzia? Wydaje się bowiem ważne, by
pogłębić tę analizę, sięgnąć do istoty tych dwóch Bożych
atrybutów, tak dla nas znaczących.*

Psalm *Miserere* jest chyba jedną z najwspanialszych mo-
dlitw, jakie Kościół odziedziczył po Starym Testamencie. Okoliczności jego powstania są znane. Zrodził się jako wołanie
grzesznika, króla Dawida, który przywłaszczył sobie małżon-
kę żołnierza Uriasza i popełnił z nią cudzołóstwo, a następnie, dla zatarcia śladów swojego przestępstwa, postarał się o to,
żeby prawowity mąż owej kobiety poległ na placu boju. Przejmujące jest to miejsce w Drugiej Księdze Samuela, kiedy pro-
rok Natan podnosi na Dawida oskarżający palec, wskazując
na niego jako winnego wielkiego przestępstwa przed Bogiem:
„Ty jesteś tym człowiekiem" (2 Sm 12, 7). Wówczas król do-
znaje jak gdyby oświecenia, z którego wypływa głębokie wzru-
szenie, znajdujące upust w słowach *Miserere*. Jest to psalm,
który chyba częściej od innych bywa stosowany w liturgii:

*Miserere mei, Deus,
secundum misericordiam tuam;
et secundum multitudinem miserationum tuarum*

dele iniquitatem meam.
Amplius lava me ab iniquitate mea,
et a peccato meo munda me.
Quoniam iniquitatem meam ego cognosco,
et peccatum meum contra me est semper.
Tibi, tibi soli peccavi
et malum coram te feci,
ut iustus inveniaris in sententia tua
et aequus in iudicio tuo...

Jest jakieś szczególne piękno w tym powolnym falowaniu słów łacińskich, a równocześnie falowaniu myśli, uczuć i odruchów serca. Oczywiście, język oryginału psalmu *Miserere* był inny, ale nasze ucho przyzwyczajone jest do przekładu łacińskiego, może nawet bardziej niż do tych w językach współczesnych, chociaż i te współczesne słowa, a zwłaszcza melodie są na swój sposób przejmujące:

Bądź mi litościw, Boże nieskończony,
według wielkiego miłosierdzia Twego!
Według litości Twej nie policzonej
chciej zmazać mnóstwo przewinienia mego.

Obmyj mię z złości, obmyj tej godziny,
oczyść mię z brudu, w którym mię grzech trzyma;
bo ja poznaję wielkość mojej winy,
i grzech mój zawsze przed mymi oczyma.

Odpuść przed Tobą grzech mój popełniony,
boś przyrzekł, że ta kary ujdzie głowa,

WOLNOŚĆ I ODPOWIEDZIALNOŚĆ

którą-ć przyniesie grzesznik uniżony,
by nie mówiono, że nie trzymasz słowa.

Wspomnij, żem w grzechu od matki poczęty,
stąd mi zła skłonność; chociaż z drugiej strony,
że lubisz prawdę Twej mądrości świętej,
i Twych tajemnic jestem nauczony (...)
                    (Ps 51 (50), 3–17, tłum. Franciszek Karpiński)

Te słowa właściwie nie wymagają żadnego komentarza.
One mówią same za siebie. One same objawiają prawdę o kruchości moralnej człowieka. Oskarża on siebie przed Bogiem,
bo wie, że grzech jest przeciwny świętości jego Stwórcy. Równocześnie też człowiek-grzesznik wie o tym, że Bóg jest miłosierdziem i że to miłosierdzie jest nieskończone: Bóg wciąż
na nowo gotów jest przebaczać i usprawiedliwiać grzesznego
człowieka.

Skąd się bierze to nieskończone miłosierdzie Ojca? Dawid jest człowiekiem Starego Testamentu. Zna Boga Jedynego. My, ludzie Nowego Przymierza, w Dawidowym *Miserere*
możemy rozpoznać obecność Chrystusa, Syna Bożego, którego Ojciec uczynił grzechem za nas (por. 2 Kor 5, 21). Chrystus wziął na siebie grzechy nas wszystkich (por. Iz 53, 12),
aby uczynić zadość sprawiedliwości, i w ten sposób zachował
równowagę pomiędzy sprawiedliwością a miłosierdziem Ojca.
Rzecz znamienna, że tego Syna święta Faustyna widziała jako
Boga miłosiernego, kontemplując Go nie przede wszystkim
na krzyżu, ale raczej jako zmartwychwstałego i uwielbionego.
Dlatego swoją mistykę miłosierdzia związała z tajemnicą Wiel-

kiej Nocy, w której Chrystus jawi się jako zwycięzca grzechu i śmierci (por. J 20, 19–23).

Jeśli wspominam tutaj siostrę Faustynę i zainaugurowany przez nią kult Chrystusa miłosiernego, to także dlatego, że i ona należy do naszych czasów. Żyła w pierwszych dekadach XX stulecia, a zmarła przed II wojną światową. I właśnie w tym czasie została jej objawiona tajemnica miłosierdzia Bożego, a to, co przeżyła, zapisała w swym *Dzienniczku*. Tym, którzy przeszli przez doświadczenie II wojny światowej, słowa zapisane w *Dzienniczku* świętej Faustyny jawią się jako szczególna Ewangelia miłosierdzia Bożego napisana w perspektywie XX wieku. Ludzie tego stulecia pojęli to przesłanie. Zrozumieli je właśnie poprzez to dramatyczne spiętrzenie zła, które przyniosła z sobą II wojna światowa, a potem okrucieństwa systemów totalitarnych. Jakby Chrystus chciał objawić, że miarą wyznaczoną złu, którego sprawcą i ofiarą jest człowiek, jest ostatecznie Boże miłosierdzie. Oczywiście, jest w miłosierdziu Bożym zawarta również sprawiedliwość, ale nie jest ona ostatnim słowem Bożej ekonomii w dziejach świata, a zwłaszcza w dziejach człowieka. Bóg zawsze potrafi wyprowadzić dobro ze zła, Bóg chce, ażeby wszyscy byli zbawieni i mogli dojść do poznania prawdy (por. 1 Tm 2, 4) – Bóg jest Miłością (por. 1 J 4, 8). Chrystus ukrzyżowany i zmartwychwstały, tak jak ukazał się siostrze Faustynie, jest szczególnym objawieniem tej prawdy.

Pragnę tu jeszcze nawiązać do tego, co powiedziałem na temat doświadczeń Kościoła w Polsce z czasów oporu przeciw komunizmowi. Wydaje mi się, że mają one uniwersalne znaczenie. Myślę, że również siostra Faustyna i jej świadec-

two o tajemnicy Bożego miłosierdzia ma miejsce w tej perspektywie. To, co pozostało po niej jako dziedzictwo jej duchowości, miało wielką wagę – wiemy o tym z doświadczenia –
dla oporu przeciw złu działającemu w ówczesnych nieludz-
kich systemach. Wszystko to zachowuje konkretne znaczenie
nie tylko dla Polaków, ale także w szerokim zasięgu Kościoła
powszechnego. Pokazała to wyraźnie między innymi beatyfi-
kacja i kanonizacja siostry Faustyny. Jakby Chrystus chciał mówić za jej pośrednictwem: „Zło nie odnosi ostatecznego zwycięstwa!". Tajemnica paschalna potwierdza, że ostatecznie zwy-
cięskie jest dobro; że życie odnosi zwycięstwo nad śmiercią;
że nad nienawiścią tryumfuje miłość.

RAGIONE DI STATO

MYŚLĄC OJCZYZNA...

(Ojczyzna – naród – państwo)

11.
Pojęcie ojczyzny

*Po „wybuchu" zła i dwóch wielkich wojnach w XX wieku
świat staje się coraz bardziej zespołem współzależnych
kontynentów, państw i społeczeństw, a Europa – lub
przynajmniej znaczna jej część – dąży do tego, by stać się nie
tylko jedną całością gospodarczą, ale także polityczną. Co
więcej, zakres zagadnień, w które ingerują stosowne organy
Wspólnoty Europejskiej, jest znacznie szerszy niż jedynie
gospodarka i zwyczajna polityka. Upadek systemów
totalitarnych w Polsce i w krajach sąsiadujących umożliwił
naszemu krajowi odzyskanie niepodległości i otwarcie na
Zachód. Stoimy obecnie przed koniecznością określenia
naszego stosunku do Europy i świata. Jeszcze niedawno
toczyła się dyskusja na temat sensu, następstw – korzyści
i niebezpieczeństw – przystąpienia do Wspólnoty
Europejskiej. Dyskutowało się w szczególności na temat
ryzyka zatracenia przez naród własnej kultury, a przez
państwo suwerenności. Wejście Polski w skład większej
wspólnoty skłania do zastanowienia się, jakie będą
konsekwencje tego faktu dla postawy bardzo wysoko cenionej
w polskiej historii: patriotyzmu. W ciągu wieków wielu
Polaków powodowanych tym uczuciem gotowych było oddać
życie w walce o wolność ojczyzny i bardzo wielu też to życie
poświęciło. Jakie znaczenie mają w istocie, według Ojca*

Świętego, pojęcia: „ojczyzna", „naród", „kultura"? Jak mają się do siebie ich przedmioty?

Wyraz „ojczyzna" łączy się z pojęciem i rzeczywistością ojca. Ojczyzna to jest poniekąd to samo co ojcowizna, czyli zasób dóbr, które otrzymaliśmy w dziedzictwie po ojcach. To znaczące, że wielokrotnie mówi się też: „ojczyzna-matka". Wiemy z własnego doświadczenia, w jakim stopniu przekaz dziedzictwa duchowego dokonuje się za pośrednictwem matek. Ojczyzna więc to jest dziedzictwo, a równocześnie jest to wynikający z tego dziedzictwa stan posiadania – w tym również ziemi, terytorium, ale jeszcze bardziej wartości i treści duchowych, jakie składają się na kulturę danego narodu. O tym właśnie mówiłem w UNESCO 2 czerwca 1980 roku, podkreślając, że nawet wówczas, gdy Polaków pozbawiono terytorium, a naród został podzielony, dziedzictwo duchowe, czyli kultura przejęta od przodków, przetrwało w nich. Co więcej, wyjątkowo dynamicznie się rozwinęło.

Wiadomo, że na wiek XIX przypadają szczytowe osiągnięcia kultury polskiej. W żadnym innym okresie naród polski nie wydał takich geniuszów pióra jak Adam Mickiewicz, Juliusz Słowacki, Zygmunt Krasiński czy Cyprian Norwid. Nigdy przedtem muzyka polska nie osiągnęła takich poziomów jak w twórczości Fryderyka Chopina, Stanisława Moniuszki i wielu innych kompozytorów, którzy to dziedzictwo artystyczne XIX wieku przenieśli w przyszłość. To samo odnosi się do sztuk plastycznych, malarstwa czy rzeźby: XIX stulecie to wiek Jana Matejki i Artura Grottgera, a na początku wieku XX pojawia się Stanisław Wyspiański, niezwykły, wielostronny geniusz, czy też Jacek Malczewski i inni. Wiek XIX to także wiek pionierski dla polskiego teatru: zapoczątkował go jeszcze Wojciech Bogusławski, a potem został rozwinięty przez wielu innych, zwłaszcza na południu Polski, w Krakowie i we Lwowie, który wówczas należał do Polski. Teatry przeżywały swój złoty okres, dokonywał się rozwój teatru mieszczańskiego i ludowego. Należy też stwierdzić, że ów rozwój kultury duchowej w XIX wieku przygotował Polaków do tego wielkiego wysiłku, który przyniósł narodowi odzyskanie niepodległości. Polska, skreślona z map Europy i świata, w roku 1918 zaistniała na nich z powrotem i od tego czasu istnieje na nich ciągle. Nie zdołało zniszczyć tej obecności nawet szaleństwo nienawiści, które wybuchło na Zachodzie i na Wschodzie w latach 1939–1945.

Widać z tego, że w obrębie pojęcia „ojczyzna" zawiera się jakieś głębokie sprzężenie pomiędzy tym, co duchowe, a tym, co materialne, pomiędzy kulturą a ziemią. Ziemia odebrana narodowi przemocą staje się niejako głośnym wołaniem w kierunku „ducha" narodu. Duch narodu się budzi, żyje nowym życiem i z kolei walczy, aby były przywrócone ziemi jej prawa. Wszystko to ujął Norwid w zwięzłej formie, mówiąc o pracy: „(...) Piękno na to jest, by zachwycało do pracy – praca, by się zmartwychwstało"*.

Skoro już weszliśmy w analizę samego pojęcia ojczyzny, to trzeba nawiązać do Ewangelii. Przecież w Ewangelii w ustach Chrystusa właśnie to słowo: „Ojciec", jest słowem podstawo-

---

* Cyprian Norwid, *Promethidion. Rzecz w dwóch dialogach z epilogiem*, w: *Pisma wszystkie*, t. 3: *Poematy*, red. Juliusz W. Gomulicki, Warszawa 1971, s. 440.

wym. Właściwie najczęściej je stosuje: „Wszystko przekazał Mi Ojciec mój" (Mt 11, 27; por. Łk 10, 22). „Ojciec bowiem miłuje Syna i ukazuje Mu to wszystko, co On sam czyni, i jeszcze większe dzieła ukaże Mu" (J 5, 20; por. J 5, 21 i inne). Nauczanie Chrystusa zawiera w sobie najgłębsze elementy teologicznej wizji zarówno ojczyzny, jak i kultury. Chrystus jako Syn, który przychodzi od Ojca, przynosi z sobą ludzkości szczególną ojcowiznę, niezwykłe dziedzictwo. O tym mówi św. Paweł w Liście do Galatów: „Gdy (...) nadeszła pełnia czasu, zesłał Bóg Syna swego, zrodzonego z niewiasty (...), byśmy mogli otrzymać przybrane synostwo. (...) A zatem nie jesteś już niewolnikiem, lecz synem. Jeżeli zaś synem, to i dziedzicem z woli Bożej" (Ga 4, 4–7).

Chrystus mówi: „Wyszedłem od Ojca i przyszedłem na świat" (J 16, 28). To przyjście dokonało się za pośrednictwem Niewiasty, Matki. Dziedzictwo Ojca Przedwiecznego zostało przeprowadzone w istotnym sensie przez serce Maryi i tak dopełnione tym wszystkim, co niezwykły geniusz kobiecy Matki mógł wnieść w Chrystusową ojcowiznę. Całe chrześcijaństwo w swym uniwersalnym wymiarze jest tą ojcowizną, w której bardzo znaczący jest udział Matki. I dlatego też Kościół bywa nazywany matką – *Mater ecclesia*. Mówiąc w ten sposób, mamy na myśli tę Bożą ojcowiznę, która stała się naszym udziałem dzięki przyjściu Chrystusa.

Ewangelia nadała więc nowe znaczenie pojęciu ojczyzny. Ojczyzna w swoim pierwotnym sensie oznacza to, co odziedziczyliśmy po ziemskich ojcach i matkach. Ojcowizna, którą zawdzięczamy Chrystusowi, skierowuje to, co należy do dziedzictwa ludzkich ojczyzn i ludzkich kultur, w stronę wiecznej ojczyzny. Chrystus mówi: „Wyszedłem od Ojca i przyszedłem na świat; znowu opuszczam świat i idę do Ojca" (J 16, 28). To odejście Chrystusa do Ojca oznacza zapoczątkowanie nowej ojczyzny w dziejach wszystkich ojczyzn i wszystkich ludzi. Mówi się czasem „ojczyzna niebieska", „ojczyzna wieczna". Są to wyrażenia, które wskazują właśnie na to, co dokonało się w dziejach człowieka i narodów za sprawą przyjścia Chrystusa na świat i Jego odejścia z tego świata do Ojca.

Odejście Chrystusa otwarło pojęcie ojczyzny w kierunku eschatologii i wieczności, ale bynajmniej nie odebrało niczego jego treści doczesnej. Wiemy z doświadczenia, chociażby na podstawie polskich dziejów, na ile inspiracja wiecznej ojczyzny zrodziła gotowość służenia ojczyźnie doczesnej, wyzwalała w obywatelach gotowość do wszelakich poświęceń dla niej – poświęceń niejednokrotnie heroicznych. Święci, których Kościół wyniósł na ołtarze w ciągu dziejów, a zwłaszcza w ostatnich stuleciach, świadczą o tym w sposób szczególnie wymowny.

Ojczyzna jako ojcowizna jest z Boga, ale równocześnie jest w jakimś znaczeniu również ze świata. Chrystus przyszedł na świat, ażeby potwierdzić odwieczne prawa Ojca, Stwórcy. Równocześnie jednak dał początek zupełnie nowej kulturze. Kultura znaczy uprawa. Chrystus swoim nauczaniem, swoim życiem, śmiercią i zmartwychwstaniem „uprawił" niejako na nowo ten świat stworzony przez Ojca. Ludzie sami stali się „uprawną rolą Bożą", jak pisze św. Paweł (por. 1 Kor 3, 9). Tak więc ta Boża ojcowizna przyoblekła się w kształt „kultury chrześcijańskiej". Istnieje ona nie tylko w społeczeństwach i w narodach chrześcijańskich, ale w jakiejś mierze zaistniała ona w całej kulturze ludzkości. W jakiejś mierze całą tę kulturę przetworzyła.

To, co zostało dotychczas powiedziane na temat ojczyzny, tłumaczy nieco głębiej tak zwane chrześcijańskie korzenie kultury polskiej i ogólniej – europejskiej. Używając tego określenia, najczęściej myśli się o korzeniach historycznych kultury i to jest słuszne, ponieważ kultura ma charakter historyczny. Badanie tych korzeni idzie więc w parze z badaniem naszych dziejów, w tym również dziejów politycznych. Wysiłek pierwszych Piastów zmierzający do ugruntowania polskości w formie państwowej na ściśle określonym obszarze Europy był wspierany przez szczególną inspirację duchową. Jej wyrazem był chrzest Mieszka I i jego ludu (966 r.), dzięki czeskiej księżniczce Dobrawie, jego żonie. Wiadomo, w jakim stopniu zadecydowało to o ukierunkowaniu kultury tego słowiańskiego ludu żyjącego nad brzegami Wisły. Odmienne ukierunkowanie miała kultura innych ludów słowiańskich, do których orędzie chrześcijańskie dotarło poprzez Ruś, która przyjęła chrzest z rąk misjonarzy z Konstantynopola. Do dzisiaj trwa w rodzinie narodów słowiańskich to rozróżnienie, znacząc duchowe granice ojczyzn i kultur.

12.
Patriotyzm

Refleksja nad pojęciem ojczyzny rodzi następne pytanie: Jak w świetle takiego pogłębienia pojęcia ojczyzny rozumieć należy patriotyzm?

Analiza pojęcia ojczyzny i jej związku z ojcostwem i z rodzeniem tłumaczy też zasadniczo wartość moralną patriotyzmu. Jeśli pytamy o miejsce patriotyzmu w Dekalogu, to odpowiedź jest jednoznaczna: wchodzi on w zakres czwartego przykazania, które zobowiązuje nas, aby czcić ojca i matkę. Jest to ten rodzaj odniesienia, który język łaciński wyraża terminem *pietas*, podkreślając wymiar religijny, jaki kryje się w szacunku i czci należnym rodzicom. Mamy czcić rodziców, gdyż oni reprezentują wobec nas Boga Stwórcę. Dając nam życie, uczestniczą w tajemnicy stworzenia, a przez to zasługują na cześć podobną do tej, jaką oddajemy Bogu Stwórcy. Patriotyzm zawiera w sobie taką właśnie postawę wewnętrzną w odniesieniu do ojczyzny, która dla każdego prawdziwie jest matką. To dziedzictwo duchowe, którym ojczyzna nas obdarza, dociera do nas poprzez ojca i matkę i gruntuje w nas obowiązek owej *pietas*.

Patriotyzm oznacza umiłowanie tego, co ojczyste: umiłowanie historii, tradycji, języka czy samego krajobrazu ojczystego. Jest to miłość, która obejmuje również dzieła rodaków i owoce ich geniuszu. Próbą dla tego umiłowania staje się każde zagrożenie tego dobra, jakim jest ojczyzna. Nasze dzieje uczą, że Polacy byli zawsze zdolni do wielkich ofiar dla zachowania tego dobra albo też dla jego odzyskania. Świadczą o tym tak liczne mogiły żołnierzy, którzy walczyli za Polskę na różnych frontach świata. Są one rozsiane na ziemi ojczystej oraz poza jej granicami. Wydaje mi się jednak, że jest to doświadczenie każdego kraju i każdego narodu w Europie i na świecie.

Ojczyzna jest dobrem wspólnym wszystkich obywateli i jako taka, jest też wielkim obowiązkiem. Analiza dziejów dawniejszych i współczesnych dowodzi, że Polacy mieli odwagę, nawet w stopniu heroicznym, dzięki której potrafili wywiązywać się z tego obowiązku, gdy chodziło o obronę ojczyzny jako naczelnego dobra. Nie oznacza to, że w niektórych okresach nie można było dostrzec osłabienia tej gotowości do ofiary, jakiej wymagało wprowadzanie w życie wartości i ideałów związanych z pojęciem ojczyzny. Były to te momenty, w których prywata oraz tradycyjny polski indywidualizm dawały o sobie znać jako przeszkody.

Ojczyzna jest zatem wielką rzeczywistością. Można powiedzieć, że jest tą rzeczywistością, w której służbie rozwinęły się i rozwijają z biegiem czasu struktury społeczne, poczynając od tradycji plemiennych. Można się jednak pytać, czy ten rozwój życia społecznego osiągnął już swój kres. Czy XX stulecie nie świadczy o rozpowszechnionym dążeniu ku strukturom ponadnarodowym albo też w kierunku kosmopolityzmu? A to dążenie czy nie świadczy również o tym, że małe narody powinny dać się ogarnąć większym tworom politycznym, ażeby przetrwać? Te pytania są uprawnione. Zdaje się jednak, że tak jak rodzina, również naród i ojczyzna pozostają rzeczywistościami nie do zastąpienia. Katolicka nauka społeczna mówi w tym przypadku o społecznościach „naturalnych", aby wskazać na szczególny związek zarówno rodziny, jak i narodu z naturą człowieka, która ma charakter społeczny. Podstawowe drogi tworzenia się wszelkich społeczności prowadzą przez rodzinę i co do tego nie można mieć żadnych wątpliwości. Wydaje się, że coś podobnego można powiedzieć o narodzie. Tożsamość kulturalna i historyczna społeczeństw jest zabezpieczana i ożywiana przez to, co mieści się w pojęciu narodu. Oczywiście, trzeba bezwzględnie unikać pewnego ryzyka: tego, ażeby ta niezbywalna funkcja narodu nie wyrodziła się w nacjonalizm. XX stulecie dostarczyło nam pod tym względem doświadczeń skrajnie wymownych, również w świetle ich dramatycznych konsekwencji. W jaki sposób można wyzwolić się od tego zagrożenia? Myślę, że sposobem właściwym jest patriotyzm. Charakterystyczne dla nacjonalizmu jest bowiem to, że uznaje tylko dobro własnego narodu i tylko do niego dąży, nie licząc się z prawami innych. Patriotyzm natomiast, jako miłość ojczyzny, przyznaje wszystkim innym narodom takie samo prawo jak własnemu, a zatem jest drogą do uporządkowanej miłości społecznej.

13.
Pojęcie narodu

Patriotyzm jako poczucie przywiązania do narodu i do ojczyzny nie może przeradzać się w nacjonalizm. Jego słuszne rozumienie zależy od tego, co obejmujemy pojęciem narodu. Jak więc rozumieć trzeba naród, ku któremu kieruje się człowiek w postawie patriotyzmu?

Jeśli się przyjrzeć uważnie obu terminom, istnieje ścisła łączność znaczeniowa pomiędzy ojczyzną i narodem. W języku polskim – ale nie tylko – termin „naród" pochodzi od „ród", „ojczyzna" natomiast ma swoje korzenie w słowie „ojciec". Ojciec jest tym, który wraz z matką daje życie nowej istocie ludzkiej. Ze zrodzeniem przez ojca i matkę wiąże się pojęcie ojcowizny, które stanowi tło dla terminu „ojczyzna". Ojcowizna, a w dalszym ciągu ojczyzna są więc treściowo ściśle związane z rodzeniem. Również słowo „naród" z punktu widzenia etymologii jest związane z rodzeniem.

Termin „naród" oznacza tę społeczność, która znajduje swoją ojczyznę w określonym miejscu świata i która wyróżnia się wśród innych własną kulturą. Katolicka nauka społeczna uważa zarówno rodzinę, jak i naród za społeczności naturalne, a więc nie owoc zwyczajnej umowy. Niczym innym zatem nie można ich zastąpić w dziejach ludzkości. Nie można na przykład zastąpić narodu państwem, chociaż naród z natury pragnie zaistnieć jako państwo, czego dowodzą dzieje poszczególnych narodów europejskich i polska historia. Stanisław Wyspiański w *Wyzwoleniu* napisał: „Naród musi istnieć jako państwo..."*. Tym bardziej nie można zamienić narodu na tak zwane społeczeństwo demokratyczne, gdyż chodzi tutaj o dwa różne, chociaż wiążące się z sobą, porządki. Społeczeństwo demokratyczne bliższe jest państwu aniżeli narodowi. Jednakże naród jest tym gruntem, na którym rodzi się państwo. Sprawa ustroju demokratycznego jest już poniekąd dalszym zagadnieniem, należącym do dziedziny polityki wewnętrznej.

Po tych wstępnych uwagach na temat narodu trzeba i w tej dziedzinie wrócić do Pisma Świętego. Zawiera ono bowiem elementy prawdziwej teologii narodu. Odnosi się to naprzód do Izraela. Stary Testament ukazuje genealogię tego narodu, który został wybrany przez Boga jako Jego lud. Mówiąc o genealogii, wskazuje się zazwyczaj na przodków w znaczeniu biologicznym. Można jednak mówić o genealogii – może nawet w sposób bardziej właściwy – w znaczeniu duchowym. Myśl biegnie do Abrahama. Do niego odwołują się nie tylko Izraelici, ale – właśnie w sensie duchowym – także chrześcijanie (por. Rz 4, 11–12) i mahometanie. Dzieje Abrahama i jego powołanie przez Boga, jego niezwykłe ojcostwo, narodziny Izaaka – wszystko to ukazuje, w jaki sposób droga do narodu prowadzi poprzez rodzenie, poprzez rodzinę i ród.

U początków jest zatem fakt zrodzenia. Żona Abrahama Sara wydaje w późnych latach swego życia syna. Abraham ma

---

* Stanisław Wyspiański, *Wyzwolenie*, w: *Dzieła zebrane*, t. 5, red. Leon Płoszewski, Kraków 1959, s. 98.

potomka co do ciała i powoli z tej Abrahamowej rodziny powstaje ród. Księga Rodzaju ukazuje kolejne etapy rozwoju tego rodu: od Abrahama, poprzez Izaaka, do Jakuba. Jakub ma dwunastu synów, a tych dwunastu synów daje z kolei początek dwunastu pokoleniom, które miały stanowić naród izraelski.

Ten właśnie naród Bóg wybrał, a potwierdzeniem tego wybrania były wydarzenia, jakie miały miejsce w historii, poczynając od wyjścia z Egiptu pod wodzą Mojżesza. Od czasów tego Prawodawcy można już mówić o narodzie izraelskim, jakkolwiek na początku składa się on z rodzin i rodów. Jednakże nie tylko to leży u podstaw dziejów Izraela. Mają one równocześnie swój wymiar duchowy. Bóg wybrał ten naród, ażeby w nim i przez niego objawić się światu. To objawienie ma swój początek w Abrahamie, ale szczytowym jego punktem jest posłannictwo Mojżesza. Do Mojżesza Bóg mówił „twarzą w twarz", kierując za jego pośrednictwem życiem duchowym Izraela. O życiu duchowym Izraela stanowiła wiara w jednego Boga, Stworzyciela nieba i ziemi, a także Dekalog, czyli prawo moralne zapisane na kamiennych tablicach, które Mojżesz otrzymał na górze Synaj.

Posłannictwo Izraela trzeba określić jako „mesjańskie" właśnie dlatego, że z tego narodu miał się narodzić Mesjasz, Pomazaniec Pański. „Gdy (...) nadeszła pełnia czasu, zesłał Bóg Syna swego" (por. Ga 4, 4), który stał się człowiekiem za sprawą Ducha Świętego w łonie córki Izraela, Maryi z Nazaretu. Tajemnica wcielenia, fundament Kościoła, należy do teologii narodu. Wcielając się bowiem, czyli stając się człowiekiem, współistotny Ojcu Syn, Słowo przedwieczne, dał początek „rodzeniu" w innym porządku. Było to rodzenie się „z Ducha Świętego". Owocem tego rodzenia jest nasze nadprzyrodzone synostwo, synostwo przybrane. Nie chodzi tutaj o narodzenie „z ciała", jak mówi św. Jan. Tu nie chodzi o narodzenie „ani z krwi, ani z żądzy ciała, ani z woli męża, ale z Boga" (J 1, 13). Ci narodzeni „z Boga" stają się członkami „narodu Bożego" – według słusznej formuły drogiej Ignacemu Różyckiemu. Jak wiadomo, od czasów II Soboru Watykańskiego szeroko przyjęła się formuła „ludu Bożego". Sobór, mówiąc w *Lumen gentium* o ludzie Bożym, niewątpliwie odnosi się do tych, którzy „z Boga się narodzili" przez łaskę Zbawiciela, wcielonego Syna Bożego, który umarł i zmartwychwstał dla zbawienia ludzkości.

Izrael jest jedynym narodem, którego dzieje są w znacznej mierze zapisane w Piśmie Świętym. Dzieje te należą do Objawienia Bożego: przez nie Bóg objawia się ludzkości. A w „pełni czasu", gdy już na wiele sposobów przemawiał do ludzi, On sam staje się człowiekiem. Tajemnica wcielenia należy także do historii Izraela, chociaż równocześnie wprowadza nas ona już w dzieje nowego Izraela, czyli Ludu Nowego Przymierza. „Do nowego Ludu Bożego powołani są wszyscy ludzie. (...) Wśród wszystkich zatem narodów ziemi zakorzeniony jest jeden Lud Boży, skoro ze wszystkich narodów przybiera swoich obywateli, obywateli królestwa o charakterze nie ziemskim, lecz niebieskim" (*Lumen gentium* 13). Mówiąc inaczej, oznacza to, że historia wszystkich narodów niesie w sobie wezwanie, by przejść w historię zbawienia. Chrystus bowiem przyszedł na świat, ażeby przynieść zbawienie wszystkim ludziom. Kościół, Lud Boży zbudowany na Nowym Przymierzu, jest nowym Izraelem i jawi się jako ten, który posiada charakter uniwersalny: każdy naród ma takie samo prawo do obecności w nim.

14.
Historia

„Historia wszystkich narodów niesie w sobie wezwanie, by przejść w historię zbawienia" – w tym stwierdzeniu odkrywamy nowy wymiar pojęć „naród" i „ojczyzna": wymiar historyczno-zbawczy. Jak Ojciec Święty scharakteryzowałby bliżej ten – niewątpliwie istotny – wymiar narodu?

W szerokim znaczeniu można powiedzieć, że cały stworzony kosmos jest poddany czasowi, ma zatem swoje dzieje. Mają swoje dzieje w szczególny sposób istoty ożywione. Niemniej o żadnej z tych istot, o żadnym gatunku zwierząt nie możemy powiedzieć, że mają charakter historyczny, tak jak możemy powiedzieć o człowieku, o narodach i o całej rodzinie ludzkiej. Historyczność człowieka wyraża się we właściwej mu zdolności obiektywizacji dziejów. Człowiek nie tylko podlega nurtowi wydarzeń, nie tylko w określony sposób działa i postępuje jako jednostka i jako należący do grupy, ale ma zdolność refleksji nad własną historią i obiektywizacji, opisywania jej powiązanych biegów zdarzeń. Taką samą zdolność posiadają poszczególne ludzkie rodziny, jak też ludzkie społeczeństwa, a w szczególności narody.

Te ostatnie, podobnie jak pojedynczy człowiek, są obdarzone pamięcią dziejową. Jest zrozumiałe, że narody starają się utrwalić również na piśmie to, co pamiętają. W ten sposób historia staje się historiografią. Ludzie piszą o dziejach grupy, do której należą. Czasem piszą też o swoich dziejach osobistych (myślę tu o autobiografiach sławnych ludzi), ale bardziej znaczące jest, że piszą też o dziejach swoich narodów. I te zobiektywizowane i utrwalone na piśmie dzieje narodów są jednym z istotnych elementów kultury – elementem, który stanowi o tożsamości narodu w wymiarach czasowych. Czy historia może „popłynąć przeciw prądowi sumień"? To pytanie zadawałem sobie wiele lat temu w utworze *Myśląc Ojczyzna*. A zrodziło się ono z refleksji nad pojęciami narodu i patriotyzmu. W tym samym utworze starałem się również dać odpowiedź. Może warto w tym miejscu przytoczyć jego fragment:

Wolność stale trzeba zdobywać, nie można jej tylko posiadać! Przychodzi jako dar, utrzymuje się poprzez zmaganie. Dar i zmaganie wpisują się w karty ukryte, a przecież jawne.

Całym sobą płacisz za wolność – więc to wolnością nazywaj, że możesz płacąc ciągle na nowo siebie posiadać.

Tą zapłatą wchodzimy w historię i dotykamy jej epok:

Którędy przebiega dział pokoleń między tymi, co nie dopłacili, a tymi, co musieli nadpłacać? Po której jesteśmy stronie?

(...)

Historia warstwą wydarzeń powleka zmagania sumień. W warstwie tej drgają zwycięstwa i upadki. Historia ich nie pokrywa, lecz uwydatnia.

(...)

Słaby jest lud, jeśli godzi się ze swoją klęską, gdy zapomi-

na, że został posłany, by czuwać, aż przyjdzie jego godzina.
Godziny wciąż powracają na wielkiej tarczy historii.
Oto liturgia dziejów. Czuwanie jest słowem Pana i słowem
Ludu, które będziemy przyjmować ciągle na nowo. Godziny
przechodzą w psalm nieustających nawróceń: Idziemy uczest-
niczyć w Eucharystii światów.

Tak kończyłem:

Ziemio, która nie przestajesz być cząstką naszego czasu.
Ucząc się nowej nadziei, idziemy poprzez ten czas ku zie-
mi nowej. I wznosimy ciebie, ziemio dawna, jak owoc miłości
pokoleń, która przerosła nienawiść.

Historia każdego człowieka, a przez człowieka dzieje wszystkich narodów niosą w sobie szczególny zapis eschatologiczny. Wiele na ten temat powiedział II Sobór Watykański w całym swoim nauczaniu, a w szczególności w Konstytucjach *Lumen gentium* oraz *Gaudium et spes*. Jest to odczytanie historii w świetle Ewangelii, które ma doniosłe znaczenie. Odniesienie eschatologiczne mówi bowiem o tym, że życie ludzkie ma sens i że mają też sens dzieje narodów. Oczywiście ludzie, a nie narody staną przed sądem Boga, ale przecież w tym sądzie nad poszczególnymi ludźmi jakoś sądzone są również narody.

Czy istnieje eschatologia narodu? Naród ma sens wyłącznie historyczny. Eschatologiczne jest natomiast powołanie człowieka. Ono jednak rzutuje w jakiś sposób na dzieje narodów. Temu także pragnąłem dać wyraz w cytowanym utworze, który chyba jest również jakimś refleksem nauczania II Soboru Watykańskiego.

Narody utrwalają swoje dzieje w opracowaniach, przekazują w różnorakich formach dokumentów, dzięki którym tworzą własną kulturę. Podstawowym narzędziem tego sukcesywnego tworzenia jest język. Za jego pomocą człowiek wypowiada prawdę o świecie i o sobie samym, i pozwala innym mieć udział w owocach swoich poszukiwań w różnych dziedzinach. Komunikuje się z innymi, a to służy wymianie myśli, głębszemu poznaniu prawdy, a przez to samo również pogłębianiu i gruntowaniu własnej tożsamości.

W świetle tych rozważań można precyzyjniej wyjaśnić pojęcie ojczyzny. W moim przemówieniu w UNESCO odwołałem się do doświadczenia mojej ojczyzny, a zostało to szczególnie dobrze zrozumiane przez przedstawicieli społeczeństw, które znajdują się na etapie kształtowania własnych ojczyzn i tworzenia swoich narodowych tożsamości. Na takim etapie my, Polacy, znajdowaliśmy się na przełomie X i XI wieku. Przypomniało nam to Millenium, czyli Tysiąclecie Chrztu Polski. Mówiąc bowiem o chrzcie, nie mamy na myśli tylko sakramentu chrześcijańskiej inicjacji przyjętego przez pierwszego historycznego władcę Polski, ale też wydarzenie, które było decydujące dla powstania narodu i dla ukształtowania się jego chrześcijańskiej tożsamości. W tym znaczeniu data chrztu Polski jest datą przełomową. Polska jako naród wychodzi wówczas z własnej dziejowej prehistorii, a zaczyna istnieć historycznie. Prehistorię tworzyły poszczególne plemiona słowiańskie.

Najważniejsze dla powstania tego narodu, z punktu widzenia etnicznego, jest chyba zespolenie dwóch wielkich plemion: Polan na północy, a na południu Wiślan. Nie były one jednak wyłącznym tworzywem narodu polskiego. Tworzywo to stanowiły również takie plemiona jak Ślężanie, Pomorzanie czy Mazowszanie. Od momentu chrztu plemiona te zaczynają bytować jako naród polski.

15.
Naród a kultura

Ojciec Święty mówił o kulturalnej i historycznej tożsamości narodu. Jest to złożony temat. Budzą się pytania: Jak należy rozumieć kulturę? Jaki jest jej sens i geneza? Jak określić bliżej rolę kultury w życiu narodu?

Każdy wierzący wie, że początków historii człowieka trzeba szukać w Księdze Rodzaju. Również początków ludzkiej kultury trzeba szukać na tych stronach. Wszystko zawiera się w tych prostych słowach: „Pan Bóg ulepił człowieka z prochu ziemi i tchnął w jego nozdrza tchnienie życia, wskutek czego stał się człowiek istotą żywą" (Rdz 2, 7). Ta decyzja Stwórcy ma szczególny wymiar. O ile bowiem przy stwarzaniu innych bytów Stwórca mówi po prostu: „Niech się stanie", to w tym jednym przypadku niejako wchodzi On w siebie, aby podjąć jak gdyby trynitarną konsultację, a potem decyzję: „Uczyńmy człowieka na Nasz obraz, podobnego Nam" (Rdz 1, 26). Autor biblijny tak kontynuuje: „Stworzył więc Bóg człowieka na swój obraz, na obraz Boży go stworzył: stworzył mężczyznę i niewiastę. Po czym Bóg im błogosławił, mówiąc do nich: »Bądźcie płodni i rozmnażajcie się, abyście zaludnili ziemię i uczynili ją sobie poddaną«" (Rdz 1, 27–28). Czytamy jeszcze o tym szóstym dniu stworzenia: „A Bóg widział, że wszystko, co uczynił, było bardzo dobre" (Rdz 1, 31). Słowa te znajdujemy w rozdziale pierwszym Księgi Rodzaju, powszechnie przypisywanym tak zwanej tradycji kapłańskiej.

W rozdziale drugim, dziele redaktora jahwistycznego, sprawa stworzenia człowieka jest potraktowana szerzej, bardziej opisowo i psychologicznie. Zaczyna się od stwierdzenia samotności człowieka powołanego do istnienia wśród widzialnego wszechświata. Człowiek nadaje bytom, które go otaczają, stosowne nazwy. A kiedy nazwał już wszystkie po imieniu, stwierdza, że nie ma wśród otaczających go istot żadnej istoty do niego podobnej. Bóg pragnie zaradzić temu poczuciu samotności, decydując o stworzeniu kobiety. Według zapisu biblijnego, Stwórca zsyła na mężczyznę głęboki sen, w czasie którego kształtuje z jego ciała Ewę. Zbudzony ze snu mężczyzna patrzy z zachwytem na nową istotę, podobną do niego, i daje wyraz swemu zdumieniu: „Ta dopiero jest kością z moich kości i ciałem z mego ciała!" (Rdz 2, 23). W ten sposób obok człowieka mężczyzny staje w świecie stworzonym człowiek niewiasta. Czytamy w dalszym ciągu słowa, które otwierają całą perspektywę jedności dwojga, jedności szczególnie wymagającej: „Dlatego to mężczyzna opuszcza ojca swego i matkę swoją i łączy się ze swą żoną tak ściśle, że stają się jednym ciałem" (Rdz 2, 24). Ta jedność w ciele wprowadza w tajemnicę rodzicielstwa.

I jeszcze dalej mówi Księga Rodzaju, że Bóg stworzył człowieka mężczyzną i kobietą, i dodaje, że byli oboje nadzy i nie doznawali wstydu. Ten stan trwał aż do momentu, kiedy pozwolili się uwieść wężowi, symbolizującemu złego ducha. Właśnie on, wąż, nakłonił ich do zerwania owocu z drzewa wiadomości dobrego i złego, zachęcił ich do przekroczenia wyraźnego zakazu Bożego, a uczynił to w przekonujących sło-wach: „Na pewno nie umrzecie! Ale wie Bóg, że gdy spożyje-cie owoc z tego drzewa, otworzą się wam oczy i tak jak Bóg będziecie znali dobro i zło" (Rdz 3, 4–5). Kiedy oboje, kobie-ta i mężczyzna, postąpili wedle podszeptu złego ducha, po-znali, że są nadzy, i zrodził się w nich wstyd własnego ciała. Utracili pierwotną niewinność. Trzeci rozdział Księgi Rodzaju w sposób bardzo sugestywny zarysowuje konsekwencje grze-chu pierworodnego zarówno dla kobiety, jak i dla mężczyzny, jak również dla ich wzajemnego odniesienia. Jednak Bóg za-powiada przyszłą Niewiastę, której potomek ma zdeptać gło-wę węża, to znaczy zapowiada przyjście Odkupiciela i Jego dzieło zbawienia (por. Rdz 3, 15).

Trzeba, abyśmy mieli przed oczyma ten zarys pierwotnego stanu człowieka, gdy wrócimy raz jeszcze do pierwszego roz-działu Księgi Rodzaju, gdzie jest mowa o tym, że Bóg stwo-rzył człowieka na obraz i podobieństwo swoje i powiedział: „Czyńcie sobie ziemię poddaną" (por. Rdz 1, 28). Te słowa bowiem są najpierwotniejszą i najbardziej kompletną defini-cją ludzkiej kultury. Czynić sobie ziemię poddaną to znaczy odkrywać i potwierdzać prawdę o własnym człowieczeństwie, o tym człowieczeństwie, które jest w równej mierze udziałem mężczyzny i kobiety. Bóg temu człowiekowi, jego człowieczeń-stwu, dał cały stworzony świat widzialny i równocześnie mu go zadał. Tym samym Bóg zadał człowiekowi konkretną mi-sję: realizować prawdę o sobie samym i o świecie. Człowiek musi kierować się tą prawdą o sobie samym, aby mógł według niej kształtować świat widzialny, ażeby mógł go prawidłowo używać, nie nadużywając go. Innymi słowy, ta dwoista prawda

- o świecie i o sobie - jest podstawą wszelkiej pracy, którą człowiek wykonuje, przeobrażając widzialny świat.

Ta misja człowieka wobec widzialnego świata, jak ją rysuje Księga Rodzaju, ma w dziejach swoją ewolucję, która w czasach najnowszych doznała niezwykłego przyspieszenia. Wszystko zaczęło się od wytworzenia nowoczesnych maszyn: od tego momentu człowiek przetwarza już nie tylko surowce dostarczane mu przez naturę, ale także produkty swojej pracy. W tym sensie praca ludzka stała się produkcją przemysłową, której zasadnicza norma pozostaje jednak ta sama: człowiek musi pozostać wierny prawdzie o sobie samym i o przedmiocie swej pracy, zarówno w przypadku gdy tym przedmiotem jest surowiec naturalny, jak i gdy tym przedmiotem jest wytworzony produkt.

Na pierwszych stronach Księgi Rodzaju dotykamy samej istoty tego, co się nazywa kulturą, wydobywając jej znaczenie najbardziej pierwotne i podstawowe, od którego możemy z kolei dojść do tego, co stanowi prawdę naszej cywilizacji przemysłowej. Widać, że zarówno na tym pierwotnym etapie, jak i dziś cywilizacja jest i pozostaje związana z rozwojem poznania prawdy o świecie, czyli z rozwojem nauki. To jest jej wymiar poznawczy. Byłoby rzeczą potrzebną zatrzymać się i przeanalizować dogłębnie pierwsze trzy rozdziały Księgi Rodzaju, stanowiące pierwotne źródło, z którego możemy zaczerpnąć. Istotne bowiem dla ludzkiej kultury jest nie tylko ludzkie poznanie świata zewnętrznego, ale również siebie samego. A to poznanie prawdy ukierunkowuje się również w stronę dwoistości ludzkiej istoty: „Mężczyzną i niewiastą stworzył ich" (por. Rdz 1, 27). Pierwszy rozdział Księgi Rodzaju uzupełnia

to stwierdzenie zaleceniem Boga, które mówi o ludzkim ro-
dzicielstwie: „Bądźcie płodni i rozmnażajcie się, abyście zaludnili ziemię i uczynili ją sobie poddaną" (Rdz 1, 28). Rozdział drugi i trzeci przynoszą dalsze elementy, które pomagają lepiej zrozumieć zamysł Boży: wszystko, co tam zostało
powiedziane o samotności człowieka, o stworzeniu istoty do
niego podobnej, o pierwotnym zachwycie stworzonego mężczyzny nad stworzoną z niego niewiastą, o powołaniu do mał-
żeństwa, wreszcie o całej historii naturalnej niewinności utra-
conej, niestety, przez grzech pierworodny – to wszystko daje
już pełny obraz tego, czym jest dla kultury miłość zrodzona
z poznania. Ta miłość jest źródłem nowego życia. A jeszcze
wcześniej jest źródłem twórczego zachwytu, który domaga się
wyrażenia w sztuce.

W kulturę człowieka od samego początku wpisany jest
bardzo głęboko element piękna. Piękno wszechświata jest jak
gdyby odbite w oczach Boga, o którym powiedziano: „A Bóg
widział, że wszystko, co uczynił, było bardzo dobre" (Rdz 1,
31). Za „bardzo dobre" zostało uznane przede wszystkim
pojawienie się pierwszej pary, stworzonej na obraz i podobieństwo Boga, w całej pierwotnej niewinności i w tej nagości, jaka
była udziałem człowieka przed grzechem pierworodnym. To
wszystko leży u podstaw kultury wyrażającej się w dziełach sztuki, czy to będą dzieła malarstwa, rzeźby, architektury, czy dzieła
muzyczne, czy inne rezultaty twórczej wyobraźni i myśli.

Każdy naród żyje dziełami swojej kultury. My, Polacy, na
przykład, żyjemy tym wszystkim, czego początek odnajduje-
my w pieśni *Bogurodzica* – najstarszej zapisanej polskiej po-
ezji, jak też starodawnej melodii z nią związanej. Kiedy byłem

w Gnieźnie w 1979 roku, podczas pierwszej pielgrzymki do Polski, mówiłem o tym do młodzieży zgromadzonej na Wzgórzu Lecha. Właśnie *Bogurodzica* należy w jakiś szczególny sposób do tradycji gnieźnieńskiej w polskiej kulturze. Jest to tradycja Wojciechowa. Temu bowiem świętemu Patronowi przypisuje się autorstwo tej kompozycji. Tradycja ta przetrwała wiele wieków. Pieśń *Bogurodzica* stała się hymnem narodowym, który jeszcze pod Grunwaldem prowadził zastępy polskie i litewskie do walki z Krzyżakami. Równocześnie istniała już pochodząca z Krakowa druga tradycja, związana z kultem św. Stanisława. Wyrazem tej tradycji jest łaciński hymn *Gaude Mater Polonia*, śpiewany do dzisiaj w języku łacińskim, tak jak *Bogurodzica* śpiewana jest w języku staropolskim. Te dwie tradycje przenikają się. Wiadomo, że łacina przez długi czas była obok polszczyzny mową kultury polskiej. Po łacinie były pisane poezje, jak na przykład Janicjusza, czy też traktaty polityczno-moralne, na przykład Andrzeja Frycza Modrzewskiego czy Stanisława Orzechowskiego, wreszcie dzieło Mikołaja Kopernika *De revolutionibus orbium coelestium*. Równolegle rozwija się polska literatura, poczynając od Mikołaja Reja i Jana Kochanowskiego, dzięki któremu osiąga ona najwyższy poziom europejski. *Psałterz Dawidów* Kochanowskiego śpiewany jest do dzisiaj. *Treny* zaś są szczytem liryki, natomiast *Odprawa posłów greckich* – znakomitym dramatem nawiązującym do wzorów starożytnych.

To wszystko, co tutaj powiedziałem, znów każe mi wrócić do przemówienia w UNESCO, które poświęciłem roli kultury w życiu narodów. Siłą tamtego przemówienia było to, że nie było ono teorią kultury, ale świadectwem o kulturze – zwyczajnym świadectwem człowieka, który na podstawie własnego doświadczenia dawał wyraz temu, czym była kultura w dziejach jego narodu i czym ta kultura jest w dziejach wszystkich narodów. Jaka jest rola kultury w życiu młodych narodów na kontynencie afrykańskim? Trzeba się pytać, jak to wspólne, ogólnoludzkie bogactwo wszystkich kultur może pomnażać się w czasie i jak bardzo trzeba przestrzegać właściwego stosunku pomiędzy ekonomią a kulturą, ażeby nie zniszczyć tego dobra, które jest większe, które jest bardziej ludzkie, na rzecz cywilizacji pieniądza, na rzecz dyktatury jednostronnego ekonomizmu. W tym bowiem przypadku nieważne jest, czy będzie to dyktatura pod postacią marksistowsko-totalitarną, czy też zachodnio-liberalną. We wspomnianym przemówieniu mówiłem między innymi: „Człowiek żyje prawdziwie ludzkim życiem dzięki kulturze. (...) Kultura jest właściwym sposobem istnienia i bytowania człowieka. (...) Kultura jest tym, przez co człowiek jako człowiek staje się bardziej człowiekiem: bardziej »jest« (...). Naród bowiem jest tą wielką wspólnotą ludzi, którą łączą różne spoiwa, ale nade wszystko właśnie kultura. Naród istnieje »z kultury« i »dla kultury«. I dlatego właśnie jest ona tym znamienitym wychowawcą ku temu, aby »bardziej być« we wspólnocie, która ma dłuższą historię niż człowiek i jego rodzina. (...) Jestem synem narodu, który przetrwał najstraszliwsze doświadczenia dziejów, którego wielokrotnie sąsiedzi skazywali na śmierć – a on pozostał przy życiu i pozostał sobą. Zachował własną tożsamość i zachował pośród rozbiorów i okupacji własną suwerenność jako naród – nie biorąc za podstawę przetrwania jakichkolwiek innych środków fizycznej potęgi jak tylko własna kultura, która się okazała w tym przypadku potęgą większą od tamtych potęg. I dlatego też to, co tutaj mówię o prawach narodu wyrosłych z podwalin kultury i zmierzających ku przyszłości, nie jest echem żadnego »nacjonalizmu«, ale pozostaje trwałym elementem ludzkiego doświadczenia i humanistycznych perspektyw człowieka. Istnieje podstawowa suwerenność społeczeństwa, która wyraża się w kulturze narodu. Jest to ta zarazem suwerenność, przez którą równocześnie najbardziej suwerenny jest człowiek" (Przemówienie w siedzibie UNESCO, Paryż, 2 VI 1980).

To, co powiedziałem wówczas na temat roli kultury w życiu narodu, to było świadectwo, jakie mogłem dać polskiemu duchowi. Moje przekonania na ten temat miały już wtedy charakter uniwersalny. To był drugi rok pontyfikatu – 2 czerwca 1980. Miałem już wówczas za sobą kilka podróży apostolskich: do Ameryki Łacińskiej, Afryki i Azji. W czasie tych podróży przekonałem się, że z moim doświadczeniem historii ojczyzny, z moim narastającym doświadczeniem wartości narodu nie byłem wcale obcy ludziom, których spotykałem. Wręcz przeciwnie, doświadczenie mojej ojczyzny bardzo mi ułatwiało spotkanie się z ludźmi i narodami na wszystkich kontynentach.

Słowa wypowiedziane w UNESCO na temat tożsamości narodu, wyrażającej się przez kulturę, spotkały się ze szczególnym aplauzem przedstawicieli krajów Trzeciego Świata. Niektórzy delegaci Europy Zachodniej – jak mi się wydawało – byli bardziej powściągliwi. Można by w tym miejscu zapytać: dlaczego? Jedna z moich pierwszych podróży apostolskich prowadziła do Zairu w Afryce Równikowej. Olbrzymi kraj, w którym używa się, oprócz czterech głównych, około dwustu pięćdziesięciu języków, wielka ilość szczepów i plemion. Jak z tej różnorodności i wielości stworzyć naród? W podobnej sytuacji znajdują się prawie wszystkie kraje Afryki. Być może, że pod względem kształtowania się świadomości narodowej są na etapie, który w historii Polski odpowiada czasom Mieszka I czy Bolesława Chrobrego. Nasi pierwsi królowie stawali przed podobnym zadaniem. Teza o kształtowaniu tożsamości narodu poprzez kulturę, wypowiedziana w UNESCO, odpowiadała najbardziej żywotnym potrzebom wszystkich młodych narodów, które szukają dróg do ugruntowania swojej suwerenności.

Kraje Europy Zachodniej są dzisiaj na etapie, który można by określić jako „posttożsamościowy". Myślę, że jednym ze skutków II wojny światowej było właśnie kształtowanie się tej mentalności obywateli, w kontekście Europy, która kierowała się ku zjednoczeniu. Naturalnie, jest też wiele innych motywów jednoczenia się Starego Kontynentu. Jednym z nich jest niewątpliwie stopniowe wychodzenie poza kategorie wyłącznie narodowe w określaniu własnej tożsamości. Owszem, narody Europy Zachodniej z reguły nie boją się, że utracą swoją tożsamość narodową. Francuzi nie boją się, że przestaną być Francuzami przez fakt wstąpienia do Unii Europejskiej, jak też Włosi, Hiszpanie itd. Polacy też się tego nie boją, choć historia ich tożsamości narodowej jest bardziej złożona.

Historycznie polskość ma za sobą bardzo ciekawą ewolucję. Takiej ewolucji nie przeszła prawdopodobnie żadna inna narodowość w Europie. Naprzód, w okresie zrastania się plemion Polan, Wiślan i innych, to polskość piastowska była elementem jednoczącym: rzec by można, była to polskość „czysta". Potem przez pięć wieków była to polskość epoki jagiellońskiej: pozwoliła ona na utworzenie Rzeczypospolitej wielu narodów, wielu kultur, wielu religii. Wszyscy Polacy nosili w sobie tę religijną i narodową różnorodność. Sam pochodzę z Małopolski, z terenu dawnych Wiślan, silnie związanych z Krakowem. Ale nawet i tu, w Małopolsce – może nawet w Krakowie bardziej niż gdziekolwiek – czuło się bliskość Wilna, Lwowa i Wschodu.

Niezmiernie ważnym czynnikiem etnicznym w Polsce była także obecność Żydów. Pamiętam, iż co najmniej jedna trzecia moich kolegów z klasy w szkole powszechnej w Wadowicach to byli Żydzi. W gimnazjum było ich trochę mniej. Z niektórymi się przyjaźniłem. A to, co u niektórych z nich mnie uderzało, to był ich polski patriotyzm. A więc polskość to w gruncie rzeczy wielość i pluralizm, a nie ciasnota i zamknięcie. Wydaje się jednak, że ten „jagielloński" wymiar polskości, o którym wspomniałem, przestał być, niestety, w naszych czasach czymś oczywistym.

MYŚLĄC EUROPA...

(Polska – Europa – Kościół)

16.
Ojczyzna europejska

Ojcze Święty, po refleksji na temat podstawowych pojęć,
takich jak ojczyzna, naród, wolność, kultura, wydaje się
słuszne powrócić do pytania o Europę, jej stosunek do
Kościoła i o rolę Polski w tym szerokim kontekście. Jak
Ojciec Święty widzi Europę? Jak ocenia wydarzenia
minione, teraźniejszość kontynentu, perspektywy na trzecie
tysiąclecie? Jaka jest odpowiedzialność Europy za losy
świata?

Jako Polak nie mogę rozwijać pogłębionej refleksji na temat ojczyzny, nie podejmując równocześnie wątku Europy i nie
zastanawiając się nad tym, jaki wpływ na rozwój tych dwóch
rzeczywistości wywarł Kościół. Oczywiście, te rzeczywistości
są różne, nie ulega jednak wątpliwości, że wzajemnie na siebie oddziałują. Nic dziwnego więc, że w toku refleksji poja-
wiają się odniesienia do którejś z tych czterech rzeczywistości: ojczyzny, Europy, Kościoła, świata.

Polska jest częścią składową Europy. Znajduje się na kontynencie europejskim, na ściśle określonym terytorium. Ze-
tknęła się z chrześcijaństwem tradycji łacińskiej za pośrednictwem pobratymczych Czech. Kiedy mówimy o początku chrześcijaństwa w Polsce, wypada wrócić myślą do początków
chrześcijaństwa w Europie. Czytamy w Dziejach Apostolskich,

że św. Paweł, ewangelizując jeszcze w Małej Azji, został w tajemniczy sposób wezwany do przekroczenia granicy między dwoma kontynentami (por. Dz 16, 9). Ewangelizacja Europy zaczęła się od tego momentu. Sami Apostołowie, a w szczególności Paweł i Piotr, przynieśli Ewangelię do Grecji i do Rzymu, a te apostolskie początki z upływem stuleci wydały owoce. Ewangelia wkroczyła na kontynent europejski różnymi drogami: na Półwysep Apeniński, na tereny dzisiejszej Francji i Niemiec, na Półwysep Iberyjski, na Wyspy Brytyjskie i do Skandynawii. Rzecz znamienna, że ośrodkiem, z którego wyruszali misjonarze, obok Rzymu, była Irlandia. Na Wschodzie centrum, z którego promieniowało chrześcijaństwo w jego odmianie bizantyjskiej, a następnie słowiańskiej, był Konstantynopol. Dla świata słowiańskiego szczególnie ważna jest misja świętych braci Cyryla i Metodego, którzy podjęli swoje dzieło ewangelizacji, wyruszając z Konstantynopola, ale pozostając równocześnie w kontakcie z Rzymem. W tamtym czasie bowiem chrześcijanie ze Wschodu i z Zachodu nie byli jeszcze podzieleni.

Dlaczego mówiąc o Europie, zaczynamy od ewangelizacji? Przyczyna, być może, tkwi po prostu w fakcie, że ta ewangelizacja stworzyła Europę, dała początek cywilizacji narodów i ich kulturze. Szerzenie wiary na kontynencie sprzyjało tworzeniu się poszczególnych narodów europejskich, zasiewając w nich ziarna kultur o różnorakich rysach, ale powiązanych wspólnym dziedzictwem wartości zakorzenionych w Ewangelii. W ten sposób rozwijał się pluralizm kultur narodowych na fundamencie wartości uznawanych na całym kontynencie. Tak było w pierwszym tysiącleciu i tak w jakiejś mierze, pomimo podziałów, było również w drugim tysiącleciu: Europa żyła jednością wartości fundamentalnych w wielości kultur narodowych.

Mówiąc, że ewangelizacja wniosła fundamentalny wkład w kształtowanie się Europy, nie mamy zamiaru umniejszać wpływu świata klasycznego. Kościół w swojej działalności ewangelizacyjnej przejął dziedzictwo kulturowe, które go poprzedzało, i nadał mu nową formę. Przede wszystkim dziedzictwo Aten i Rzymu, ale także ludów, które spotykał, rozszerzając się na kontynencie. W procesie ewangelizacji Europy, który służył pewnej kulturalnej jedności świata łacińskiego na Zachodzie, a bizantyjskiego na Wschodzie, Kościół postępował tak, aby zachować kryteria właściwe dla tego, co dziś nazywamy inkulturacją. Służył bowiem rozwojowi kultur rodzimych i narodowych. Dobrze więc, że ogłosił wpierw świętego Benedykta, a potem także świętych Cyryla i Metodego patronami Europy. Zwrócił tym samym uwagę wszystkich na wielki proces inkulturacji, jaki dokonał się w ciągu wieków, i równocześnie przypomniał, że on sam na kontynencie europejskim winien oddychać „dwoma płucami". Jest to oczywiście przenośnia, ale przenośnia wiele mówiąca. Tak jak zdrowy organizm potrzebuje dwóch płuc, ażeby prawidłowo oddychać, tak też i Kościół, jako organizm duchowy, potrzebuje tych dwóch tradycji, ażeby mógł coraz pełniej czerpać z bogactwa Objawienia.

Długi proces tworzenia się Europy chrześcijańskiej rozciąga się na całe pierwsze tysiąclecie, a częściowo nawet na drugie. Można powiedzieć, że w tym procesie nie tylko gruntował się chrześcijański charakter Europy, ale także kształtowała się sama europejskość. Owoce tego procesu są widoczne w naszych czasach może bardziej jeszcze aniżeli w starożytności czy w średniowieczu. W tamtych bowiem czasach świat był o wiele mniej znany. Na wschód od Europy pozostawał tajemniczy kontynent azjatycki, ze swymi prastarymi kulturami, a także religiami, które były starsze od chrześcijaństwa. Olbrzymi kontynent amerykański do końca XV wieku pozostawał całkowicie nieznany. To samo oczywiście odnosi się do Australii, którą odkryto jeszcze później. Jeżeli chodzi o Afrykę, to w starożytności i w średniowieczu znana była tylko jej część północna, śródziemnomorska. Tak więc myślenie w kategoriach „europejskich" musiało przyjść później, kiedy cały glob ziemski był już dostatecznie znany. We wcześniejszych wiekach myślano przede wszystkim w kategoriach poszczególnych imperiów: najpierw Egipt, potem wciąż zmieniające się imperia na Bliskim Wschodzie, z kolei imperium Aleksandra Wielkiego, a w końcu Imperium Rzymskie.

Kiedy czytamy Dzieje Apostolskie, wypada nam się zatrzymać nad wydarzeniem, które dla ewangelizacji Europy, a także dla przyszłych dziejów samej europejskości ma bardzo doniosłe znaczenie. Mam na myśli to, co dokonało się na ateńskim Areopagu, gdy przybył tam Paweł i wygłosił sławne przemówienie: „Mężowie ateńscy, (...) widzę, że jesteście pod każdym względem bardzo religijni. Przechodząc bowiem i oglądając wasze świętości jedną po drugiej, znalazłem też ołtarz z napisem: »Nieznanemu Bogu«. Ja wam głoszę to, co czcicie, nie znając. Bóg, który stworzył świat i wszystko, co w nim istnieje, On, który jest Panem nieba i ziemi, nie mieszka w świątyniach ręką zbudowanych i nie odbiera posługi z rąk ludzkich, jak gdyby czegoś potrzebował, bo sam daje wszystkim życie i tchnienie, i wszystko. On z jednego [człowieka] wyprowadził cały rodzaj ludzki, aby zamieszkiwał całą powierzchnię ziemi. Określił [im] właściwe czasy i granice zamieszkania, aby szukali Boga; może dotkną Go i znajdą niejako po omacku. Bo w rzeczywistości jest On niedaleko od każdego z nas. W Nim bowiem żyjemy, poruszamy się i jesteśmy, jak to powiedzieli niektórzy z waszych poetów: »Jesteśmy bowiem z Jego rodu«. Będąc więc z rodu Bożego, nie powinniśmy sądzić, że Bóstwo jest podobne do złota albo do srebra, albo do kamienia, wytworu rąk i myśli człowieka. Nie biorąc pod uwagę czasów nieświadomości, wzywa Bóg teraz wszędzie i wszystkich ludzi do nawrócenia, dlatego że wyznaczył dzień, kiedy to sprawiedliwie będzie sądzić świat przez Człowieka, którego na to przeznaczył, po uwierzytelnieniu Go wobec wszystkich przez wskrzeszenie Go z martwych" (Dz 17, 22–31).

Czytając te słowa, zdajemy sobie sprawę, że Paweł stanął na Areopagu wszechstronnie przygotowany: znał filozofię i poezję grecką. Mówiąc do Ateńczyków, wyszedł od idei „nieznanego Boga", dla którego ustawili ołtarz. O tym Bogu mówi, ukazując Jego odwieczne przymioty: niematerialność, mądrość, wszechmoc, wszechobecność oraz sprawiedliwość. W ten sposób, uciekając się do teodycei, w której odwoływał się wyłącznie do rozumu, Paweł przygotował audytorium do słuchania przesłania o tajemnicy wcielenia. Tym samym mógł mówić o objawieniu się Boga w Człowieku, w Chrystusie ukrzyżowanym i zmartwychwstałym. Jednak właśnie w tym miejscu ateńscy słuchacze, którzy dotąd zdawali się przyjmować z aprobatą jego naukę, zareagowali negatywnie. Czytamy: „Gdy usłyszeli o zmartwychwstaniu, jedni się wyśmiewali, a inni powiedzieli: »Posłuchamy cię o tym innym razem«" (Dz 17, 32). Tak więc misja Pawła na Areopagu zakończyła się niepowodzeniem, jakkolwiek niektórzy ze słuchaczy przyłączyli się do niego i uwierzyli. Wśród nich – wedle tradycji – był Dionizy Areopagita.

Dlaczego przytoczyłem w całości to przemówienie Pawła na Areopagu? Dlatego że stanowi ono niejako wstęp do tego, co w dalekiej przyszłości miało sprawić chrześcijaństwo w Europie. Po okresie wspaniałego rozwoju ewangelizacji, która w ciągu pierwszego tysiąclecia dotarła do prawie wszystkich krajów europejskich, przyszło średniowiecze, ze swoim chrześcijańskim uniwersalizmem; średniowiecze prostej, mocnej i głębokiej wiary; średniowiecze romańskich i gotyckich katedr i wspaniałych sum teologicznych. Ewangelizacja Europy zdawała się nie tylko zakończona, ale także wszechstronnie dojrzała: dojrzała nie tylko w dziedzinie myśli filozoficznej i teologicznej, ale także w dziedzinie sztuki i architektury sakralnej, jak również na polu społecznej solidarności (związki sztuk i rzemiosł, bractwa, szpitale...). Jednakże od roku 1054 ta tak bardzo dojrzała Europa nosiła na swym organizmie głęboką ranę schizmy wschodniej. Dwa płuca przestały pracować w jednym organizmie Kościoła, a każde z nich zaczęło tworzyć jak gdyby osobny organizm. Ten podział cechował życie duchowe Europy od początków drugiego tysiąclecia.

Początek czasów nowożytnych przyniósł dalsze pęknięcia i podziały, tym razem na Zachodzie. Wystąpienie Marcina Lutra dało początek reformacji. Poszli za nim inni reformatorzy: Kalwin i Zwingli. W tej perspektywie trzeba także widzieć oderwanie się Kościoła na Wyspach Brytyjskich od Stolicy św. Piotra. Europa Zachodnia, która w średniowieczu była religijnie zjednoczona, u progu czasów nowożytnych doznała więc poważnych podziałów, które utrwaliły się w dalszych stuleciach. W ślad za tym wystąpiły także konsekwencje o charakterze politycznym towarzyszące zasadzie *cuius regio eius religio*. Pośród tych konsekwencji nie można nie wymienić smutnej rzeczywistości wojen religijnych.

To wszystko należy do dziejów Europy i zaciążyło nad samą europejskością, wpływając na jej przyszły kształt, jakby zapowiadając dalsze jeszcze podziały i nowe cierpienia, jakie miały przyjść z upływem czasu. Trzeba jednak podkreślić, że wiara w Chrystusa ukrzyżowanego i zmartwychwstałego pozostała jako wspólny mianownik chrześcijan czasów reformacji. Różnili się w odniesieniu do Kościoła i do Rzymu, ale nie odrzucali prawdy o zmartwychwstaniu, jak to zrobili słuchacze św. Pawła na ateńskim Areopagu. Tak było przynajmniej na początku. Jednakże z czasem, stopniowo, dojdzie, niestety, i do tego.

Odrzucenie Chrystusa, a w szczególności Jego tajemnicy paschalnej – krzyża i zmartwychwstania – zarysowało się na horyzoncie myśli europejskiej na przełomie XVII i XVIII stulecia. Był to okres oświecenia. Było to oświecenie naprzód francuskie, potem angielskie i niemieckie. Jakąkolwiek przybierało postać, oświecenie sprzeciwiło się temu, czym Europa stała się w wyniku ewangelizacji. Jego przedstawiciele mogą być porównani do słuchaczy Pawła na Areopagu. W większości nie odrzucali oni istnienia „nieznanego Boga" jako Istoty duchowej i transcendentnej, w której „żyjemy, poruszamy się i jesteśmy" (Dz 17, 28). Natomiast, w kilkanaście wieków po przemówieniu na Areopagu, radykalni przedstawiciele oświecenia odrzucali prawdę o Chrystusie, Synu Bożym, który dał się poznać, stając się człowiekiem, rodząc się z Dziewicy w Betlejem, przepowiadając Dobrą Nowinę, a na końcu oddając życie za grzechy wszystkich ludzi. Tego Boga-Człowieka, który umarł i zmartwychwstał, oświecona myśl europejska pragnęła się pozbyć, pragnęła Go wyłączyć z historii kontynentu. Temu dążeniu wielu dzisiejszych myślicieli i polityków uparcie dochowuje wierności.

Przedstawiciele współczesnego postmodernizmu oceniają krytycznie zarówno wartościową spuściznę, jak i iluzje oświecenia. Nierzadko jest to jednak krytyka przesadna, która nie docenia doniosłości oświeceniowych postaw w zakresie humanizmu, wiary w rozum i postępu. Z drugiej strony, nie można jednak równocześnie nie dostrzegać polemicznego stanowiska licznych myślicieli oświeceniowych w odniesieniu do chrześcijaństwa. Prawdziwy „kulturowy dramat", trwający do dziś, tkwi w tym, że wspomniane idee przeciwstawia się chrześcijaństwu, podczas gdy są one w tradycji chrześcijańskiej głęboko zakorzenione.

Zanim pójdziemy dalej w tej analizie europejskości, pragnę nawiązać do jeszcze innych kart Nowego Testamentu: chodzi o Jezusową przypowieść o szczepie winnym i latoroślach. Chrystus mówi: „Ja jestem krzewem winnym, wy – latoroślami" (J 15, 5). I dalej snuje tę wielką przenośnię, w której zawiera się teologia wcielenia i odkupienia. On jest krzewem winnym, Ojciec jest tym, który uprawia winnicę, a latoroślami są poszczególni ludzie. To porównanie Jezus przedstawił Apostołom w przeddzień swojej męki: człowiek jako latorośl. Ten obraz nie jest daleki od myśli Blaise'a Pascala, który nazwał człowieka „trzciną myślącą"*. Jednakże to, co w Chrystusowej przypowieści jest najistotniejsze i najgłębsze, to myśl o uprawie latorośli. Bóg, który stworzył człowieka, troszczy się o to stworzenie. Jako właściciel winnicy, uprawia ją. Uprawia ją w sposób sobie właściwy. Zaszczepia On człowieczeństwo w „krzewie" bóstwa swojego jednorodzonego Syna. Przedwieczny i współistotny Ojcu Syn staje się człowiekiem właśnie w tym celu.

Dlaczego potrzebna jest ta Boża „uprawa"? Czy jest możliwe zaszczepienie ludzkiej latorośli w owym szczepie winnym, którym jest Bóg-Człowiek? Odpowiedź Objawienia jest jasna: człowiek od początku został powołany do istnienia na obraz i podobieństwo Boga (por. Rdz 1, 27), a zatem jego człowieczeństwo od początku kryje w sobie coś boskiego. Człowieczeństwo człowieka może być „uprawione" również w ten nadzwyczajny sposób. Co więcej, w aktualnej ekonomii zbawienia, jedynie przyjmując zaszczepienie w boskości Chrystusa, człowiek może się w pełni zrealizować. Odrzucając to zaszczepienie, skazuje się w jakimś sensie na człowieczeństwo niepełne.

Dlaczego w tym miejscu naszych rozważań o Europie odwołujemy się do Chrystusowej przypowieści o szczepie winnym i o latoroślach? Chyba właśnie dlatego, że ta przypowieść pozwala nam najlepiej wyjaśnić dramat europejskiego oświecenia. Odrzucając Chrystusa, a przynajmniej nie biorąc pod uwagę Jego działania w dziejach człowieka i kultury, pewien

---

* Por. Blaise Pascal, *Myśli*, cz. I, rozdz. III, 264, tłum. Tadeusz Żeleński (Boy), Warszawa 1989, s. 140.

prąd myśli europejskiej dokonał jakiegoś wyłomu. Pozbawiono człowieka „szczepu winnego", tego zaszczepienia w Krzewie, które zapewnia osiągnięcie pełni człowieczeństwa. Można powiedzieć, że w jakościowo nowej formie, przedtem niespotykanej, a przynajmniej nie na taką skalę, otwarto drogę do przyszłych wyniszczających doświadczeń zła.

Według definicji św. Tomasza, zło jest brakiem tego dobra, które w danym bycie powinno się znajdować. Otóż w człowieku, jako bycie stworzonym na obraz i podobieństwo Boga, odkupionym z grzechu przez Chrystusa, winno się znajdować dobro uczestniczenia w naturze i życiu Boga samego – niesłychany przywilej, który wysłużył mu Chrystus przez tajemnicę wcielenia i odkupienia. Pozbawienie człowieka tego dobra jest – mówiąc językiem ewangelicznym – oderwaniem latorośli od winnego krzewu. Na skutek tego ludzka „latorośl" nie może się rozwinąć ku tej pełni, jaką dla niej zamierzył „gospodarz winnicy", czyli Stwórca.

17.
Ewangelizacja Europy Środkowo-Wschodniej

Jak Ojciec Święty wspomniał, ewangelizacja Europy
Środkowo-Wschodniej miała swoją odrębną historię.
Z pewnością miało to wpływ na kształt kultury tych ludów.

Istotnie, osobną uwagę poświęcić trzeba ewangelizacji, która ma swoje źródło w Bizancjum. Można powiedzieć, że jej symbolem są święci Cyryl i Metody, Apostołowie Słowian. Byli Grekami rodem z Tesalonik. Podjęli ewangelizację Słowian, poczynając od terenów dzisiejszej Bułgarii. Najpierw dołożyli starań, aby nauczyć się miejscowego języka, a nawet żywą mowę słowiańską zapisać za pomocą pewnej liczby znaków graficznych, które stanowiły pierwszy alfabet słowiański, zwany potem cyrylicą. Alfabet ten, z pewnymi odmianami, utrzymuje się do dzisiaj w krajach słowiańskiego Wschodu, podczas gdy słowiański Zachód przyjął pismo łacińskie, naprzód posługując się łaciną jako językiem warstw wykształconych, a potem kształtując stopniowo własne piśmiennictwo.

Cyryl i Metody działali na zaproszenie księcia wielkomorawskiego na terenie jego państwa w wieku IX. Jest prawdopodobne, że dotarli również na teren kraju Wiślan, za Karpatami. Z pewnością działali na terenach Panonii, a więc dzisiejszych Węgier, a także na terenach Chorwacji, Bośni

i Hercegowiny oraz w okolicach Ochrydy, czyli na terenie słowiańskiej Macedonii. Zostawili po sobie uczniów, którzy ich
działalność misyjną kontynuowali. Ci dwaj święci bracia wy-
warli wpływ na ewangelizację Słowian także na terytoriach
znajdujących się na północ od Morza Czarnego. Ewangelizacja Słowian bowiem, poprzez chrzest św. Włodzimierza w roku 988, rozprzestrzeniła się na całą Ruś Kijowską, a potem
stopniowo ogarnęła północne obszary dzisiejszej Rosji i dotarła aż do Uralu. W wieku XIII ewangelizacja ta przeszła dziejową próbę w związku z najazdem Mongołów, którzy zniszczyli
państwo kijowskie. Jednakże nowe centra religijne i polityczne
na północy, a zwłaszcza Moskwa, potrafiły nie tylko ochronić
chrześcijańską tradycję w jej formie słowiańsko-bizantyjskiej,
ale także ją rozprzestrzenić w obrębie Europy, aż po Ural, a także
poza Uralem, na terenie Syberii i północnej Azji.

Wszystko to należy do dziejów Europy i ukazuje w jakiś
sposób naturę samej europejskości. W okresie poreformacyjnym, na tle zasady *cuius regio eius religio*, doszło do wojen
religijnych. Jednak wielu chrześcijan z różnych Kościołów zdało
sobie sprawę z faktu, że wojny te były sprzeczne z samą Ewangelią, i stopniowo dochodziło do sformułowania zasady wolności religijnej, dającej możność osobistego wyboru wyznania
i przynależności kościelnej. Ponadto z biegiem czasu różne
wyznania chrześcijańskie, zwłaszcza proweniencji ewangelic-
kiej i protestanckiej, zaczęły kierować się w stronę poszuki-
wania porozumienia i współpracy. Były to pierwsze kroki na
drodze, która miała przybrać kształt ruchu ekumenicznego.
Jeśli chodzi o Kościół katolicki, wydarzeniem przełomowym
w tym względzie był II Sobór Watykański. Kościół katolicki

określił swoje stanowisko wobec wszystkich Kościołów i Wspólnot kościelnych żyjących poza jednością katolicką i zaangażował się z całym oddaniem w działalność ekumeniczną. Wydarzenie to jest ważne dla przyszłej jedności wszystkich chrześcijan. W XX wieku zdali oni sobie sprawę z tego, że nie mogą nie dążyć do tej jedności, o którą Chrystus modlił się w przeddzień swojej męki: „aby wszyscy stanowili jedno, jak Ty, Ojcze, we Mnie, a Ja w Tobie, aby i oni stanowili w Nas jedno, by świat uwierzył, żeś Ty Mnie posłał" (J 17, 21). Ponieważ patriarchaty prawosławnego Wschodu również aktywnie uczestniczą w dialogu ekumenicznym, można żywić nadzieję na pełną jedność w niedalekiej przyszłości. Stolica Apostolska ze swej strony działa również w tym samym kierunku poprzez dialog zarówno z prawosławiem, jak i z poszczególnymi Kościołami i Wspólnotami kościelnymi na Zachodzie.

Jak wiadomo z Dziejów Apostolskich, Europa otrzymała chrześcijaństwo z Jerozolimy za pośrednictwem Małej Azji. W Jerozolimie jest początek dróg misyjnych, które miały zaprowadzić apostołów Chrystusa „aż po krańce ziemi" (Dz 1, 8). Jednakże już za czasów apostolskich centrum misji stała się Europa. Przede wszystkim Rzym, gdzie dawali świadectwo o Chrystusie święci apostołowie Piotr i Paweł, ale później także Konstantynopol, czyli Bizancjum. Tak więc ewangelizacja miała dwa główne centra: Rzym i Bizancjum. Z tych miast wychodzili misjonarze, ażeby wypełnić Chrystusowy mandat: „Idźcie więc i nauczajcie wszystkie narody, udzielając im chrztu w imię Ojca i Syna, i Ducha Świętego" (Mt 28, 19). Skutki tej misyjnej działalności trwają do dzisiaj w Europie. Odzwierciedlają się one w dzisiejszym uformowaniu kulturowym narodów.

Jeżeli misjonarze przychodzący z Rzymu kształtowali, również na drodze inkulturacji, łacińską odmianę chrześcijaństwa, to misjonarze przychodzący z Bizancjum kształtowali jego odmianę bizantyjską: najpierw grecką, a potem słowiańską, cyrylo-metodiańską. Wedle tych dwóch głównych szlaków dokonała się ewangelizacja całej Europy.

Stopniowo, z upływem wieków, ewangelizacja zaczęła wychodzić poza granice Europy. Była to wspaniała epopeja, na której jednak kładzie się cień kolonizacji. W nowoczesnym znaczeniu tego słowa można mówić o kolonizacji od czasu odkrycia Ameryki. Pierwszą wielką kolonią europejską był właśnie kontynent amerykański: w swej części południowej i centralnej skolonizowany przez Hiszpanów i Portugalczyków, a w części północnej przez Francuzów i Anglosasów. Kolonizacja była zjawiskiem przejściowym. Kilka wieków po odkryciu Ameryki ukształtowały się na Południu i na Północy nowe społeczeństwa, a także nowe państwa postkolonialne, które coraz bardziej stawały się prawdziwymi partnerami Europy.

Obchody pięćsetnej rocznicy odkrycia Ameryki były okazją do postawienia bardzo ważnego pytania o zależność, jaka zachodziła pomiędzy rozwojem społeczeństw amerykańskich na Północy i Południu a prawami ludności tubylczej. W gruncie rzeczy to pytanie towarzyszy wszelkiej kolonizacji. Również kolonizacji na kontynencie afrykańskim. Wynika ono stąd, że kolonizacja oznacza zawsze przyniesienie i zaszczepienie „nowego" na starym pniu. Pod pewnym względem służy to rozwojowi lokalnych społeczności, ale równocześnie niesie ze sobą pewien rodzaj wywłaszczenia nie tylko z ich ziem, ale także z ich duchowego dziedzictwa. W jaki sposób problem ten przejawił się w Ameryce Północnej i Południowej? Jaka powinna być moralna ocena w świetle różnorakich procesów, jakie dokonały się w dziejach? To pytania, które słusznie się nasuwają, a nad właściwymi odpowiedziami trzeba wciąż pracować. Nie mniej potrzebne jest uznanie win kolonizatorów i zaangażowanie, na ile to możliwe, na rzecz zadośćuczynienia za te winy.

W każdym razie problem kolonizacji w jakiś sposób należy do historii Europy i europejskości. Europa jest stosunkowo mała. Równocześnie jednak jest kontynentem bardzo rozwiniętym, któremu – można powiedzieć – Opatrzność zawierzyła zadanie zapoczątkowania wielorakiej wymiany dóbr pomiędzy różnymi częściami świata, różnymi krajami, ludami i narodami zamieszkującymi kulę ziemską. Nie można tutaj zapominać, że dzieło misyjne Kościoła rozniosło się na świat z Europy. Otrzymawszy z Jerozolimy Dobrą Nowinę o zbawieniu, Europa – zarówno rzymska, jak i bizantyjska – stała się wielkim centrum ewangelizacji świata i, pomimo wszystkich kryzysów, nie przestaje nim być aż do dzisiaj. Być może ten układ ulegnie zmianie. Być może w jakiejś przyszłości, bliższej lub dalszej, Kościół w krajach europejskich będzie potrzebował pomocy Kościołów z innych kontynentów. Jeśli do tego dojdzie, nową sytuację będzie można uznać za pewne wyrównanie „długów", jakie inne kontynenty zaciągnęły wobec Europy w procesie głoszenia Ewangelii.

Mówiąc o Europie, trzeba w końcu zaznaczyć, że nie można myśleć o jej nowożytnych dziejach bez uwzględnienia dwóch wielkich rewolucji: wpierw rewolucji francuskiej pod koniec XVIII wieku, a następnie rewolucji rosyjskiej na początku XX stulecia. Obie były reakcją na system feudalny, który przyjął we Francji postać „oświeconego absolutyzmu", a w Rosji postać carskiego „samodierżawia". Rewolucja francuska pociągnęła za sobą wiele niewinnych ofiar, ostatecznie utorowała drogę do władzy Napoleonowi, który ogłosił się cesarzem Francuzów, a jego geniusz wojenny dominował nad Europą w ciągu pierwszego dziesięciolecia XIX wieku. Po upadku Napoleona kongres wiedeński przywrócił w Europie system oświeconego absolutyzmu, przede wszystkim w tych krajach, które były odpowiedzialne za rozbiory Polski. Koniec XIX wieku i początki wieku XX utrwaliły ten układ sił, chociaż równocześnie pojawiło się nowe zjawisko odradzania i konsolidowania się w Europie niektórych narodów, na przykład narodu włoskiego.

W drugim dziesięcioleciu XX wieku sytuacja w Europie nabrzmiała do tego stopnia, że wybuchła I wojna światowa. Była ona konfrontacją „wielkich przymierzy" – z jednej strony Francja, Anglia i Rosja, do których przyłączyły się Włochy, z drugiej Niemcy i Austria – ale była też konfliktem, z którego zrodziła się wolność niektórych narodów. W roku 1918, wraz z zakończeniem I wojny światowej, wracają na mapę Europy państwa, które dotychczas były pozbawione niepodległości przez okupacyjne mocarstwa. Tak więc rok 1918 przynosi odzyskanie niepodległości Polsce, Litwie, Łotwie i Estonii. Podobnie na południu powstaje wolna Czechosłowacja, a niektóre narody Europy Środkowej wchodzą w skład Federacji Jugosłowiańskiej. Ukraina i Białoruś nie uzyskują wtedy jeszcze niepodległości mimo dobrze znanych aspiracji i oczekiwań tych narodów. Ten nowy w znaczeniu politycznym układ sił w Europie przetrwa zaledwie dwadzieścia lat.

18.
Owoce dobra
na glebie oświecenia

„Wybuch" zła, jaki miał miejsce podczas I wojny światowej, zaowocował następnie jeszcze gorszą II wojną i zbrodniami, o których mówiliśmy na początku. Ojciec Święty powiedział, że spojrzenie na współczesną Europę nie może ograniczać się do widzenia zła, destrukcyjnej spuścizny oświecenia i wspomnianej właśnie rewolucji francuskiej, byłoby to bowiem spojrzenie jednostronne. Jak zatem należy rozszerzyć tę perspektywę, aby dostrzec również aspekty pozytywne współczesnej historii Europy?

Europejskie oświecenie zaowocowało nie tylko okrucieństwami rewolucji francuskiej; przyniosło również dobre owoce, jak idee wolności, równości i braterstwa, które – jak wiadomo – są zakorzenione w Ewangelii. Choć idee te głoszono w oderwaniu od niej, to jednak same mówiły o swym pochodzeniu. W ten sposób francuskie oświecenie przygotowało grunt pod lepsze zrozumienie praw człowieka. W rzeczywistości sama rewolucja na różne sposoby pogwałciła te prawa. Jednak wysiłki na rzecz skutecznego uznania praw człowieka zaczęły odtąd przybierać na mocy, wbrew feudalnym tradycjom. Trzeba wszakże podkreślić, że te prawa były już znane, ponieważ są zakorzenione w naturze człowieka, stworzonej przez Boga na Jego obraz i jako takie głoszone w Piśmie Świętym od pierwszych stron Księgi Rodzaju. Odwołuje się do nich często sam Chrystus, który w Ewangelii stwierdza między innymi, że „to szabat został ustanowiony dla człowieka, a nie człowiek dla szabatu" (Mk 2, 27). W tych słowach wyjaśnia autorytatywnie, że godność człowieka jest najważniejsza, wskazując ostatecznie na Boże źródło jego praw.

Podobnie też idei prawa narodu nie da się odłączyć od oświeceniowej tradycji, a nawet od rewolucji francuskiej. Prawo narodu do istnienia, do własnej kultury, a także do politycznej suwerenności było szczególnie ważne w tamtym momencie dziejów, to znaczy w XVIII wieku, dla wielu narodów na kontynencie europejskim, ale także i poza nim. Było ono ważne dla Polski, która właśnie w tych latach, pomimo Konstytucji 3 maja, traciła niepodległość. Było ono także bardzo ważne dla tworzących się za Oceanem Stanów Zjednoczonych Ameryki Północnej. Rzecz znamienna, że te trzy wydarzenia – wybuch rewolucji francuskiej (14 lipca 1789), ogłoszenie Konstytucji 3 maja w Polsce (1791) i Deklaracji Niepodległości Stanów Zjednoczonych Ameryki (4 lipca 1776) – dokonały się prawie równocześnie. Można by to samo powiedzieć o rozmaitych krajach Ameryki Łacińskiej, które po długim okresie feudalnym dochodziły wówczas do nowej świadomości narodowej, a wraz z tym gruntowały się ich dążenia niepodległościowe wobec korony hiszpańskiej czy portugalskiej.

Tak więc idee wolności, równości i braterstwa umacniały się – niestety, za cenę krwi wielu ofiar na szafocie – i rzucały nowe światło na dzieje ludów i narodów, przynajmniej na dwóch kontynentach, europejskim i amerykańskim, dając początek nowej epoce w historii. Jeśli chodzi o ideę braterstwa, która jest na wskroś ewangeliczna, okres rewolucji francuskiej przyniósł także jakieś nowe jej ugruntowanie w dziejach Europy i świata. Braterstwo łączy nie tylko poszczególnych ludzi, ale także narody. Historią świata powinna rządzić zasada „braterstwa ludów", a nie tylko polityczne układy sił czy absolutna wola monarchów, nielicząca się ani z prawami człowieka, ani też z prawami narodów.

Idee wolności, równości i braterstwa były opatrznościowe na początku XIX stulecia także i z tego powodu, że tamte lata miały przynieść wielkie przesilenie tak zwanej kwestii społecznej. Kapitalizm początków rewolucji przemysłowej na różne sposoby przeczył wolności, równości i braterstwu, pozwalając na wyzysk człowieka przez człowieka w imię praw rynku. Myśl oświeceniowa, zwłaszcza jej hasła wolnościowe, przyczyniła się z pewnością do powstania *Manifestu komunistycznego* Karola Marksa, ale sprzyjała także – może nawet niezależnie od tej odezwy – kształtowaniu postulatów sprawiedliwości społecznej, która również miała swój korzeń w Ewangelii. Warto się zastanowić, w jaki sposób te wszystkie procesy związane z inspiracją oświeceniową prowadziły do głębszego odkrycia prawd zawartych w Ewangelii. Świadczą o tym chociażby encykliki społeczne – od *Rerum novarum* Leona XIII aż do encyklik XX wieku, do *Centesimus annus*.

W dokumentach II Soboru Watykańskiego można się doszukać twórczej syntezy stosunku chrześcijaństwa do oświecenia. Wprawdzie teksty nie mówią o tym wprost, jednak jeżeli głębiej je przeanalizować w kontekście kulturowym naszej epoki, można w nich odnaleźć cenne wskazówki na ten temat. Sobór, przedstawiając swoją doktrynę, celowo unikał formy polemicznej. Uznał, że lepiej będzie, jeśli zaprezentuje się jako kolejny wyraz inkulturacji, która towarzyszyła chrześcijaństwu od czasów apostolskich. Idąc za jego wskazówkami, chrześcijanie mogą wychodzić naprzeciw światu, czy raczej naprzeciw ludzkości pooświeceniowej i nawiązać z nią konstruktywny dialog. Mogą także pochylać się, jak ewangeliczny Samarytanin, nad człowiekiem zranionym, usiłując leczyć jego rany na początku XXI stulecia. A zachęta do niesienia pomocy człowiekowi jest nieporównanie ważniejsza od polemik i oskarżeń dotyczących na przykład oświeceniowego podłoża wielkich katastrof dziejowych XX wieku. Bowiem duch Ewangelii wyraża się przede wszystkim w postawie gotowości do niesienia bliźniemu braterskiej pomocy.

"W istocie misterium człowieka wyjaśnia się prawdziwie jedynie w misterium Słowa Wcielonego" (*Gaudium et spes*, 22). W takich słowach II Sobór Watykański daje wyraz tej antropologii, która stanowi fundament całego soborowego magisterium. Chrystus nie tylko wskazuje ludziom drogi życia wewnętrznego, ale sam jest tą "drogą", którą trzeba przebyć, aby osiągnąć cel. Jest "drogą" dlatego, że jest Słowem Wcielonym, jest Człowiekiem. Czytamy dalej w tekście soborowym: "Adam bowiem, pierwszy człowiek, był typem Tego, który miał przyjść, to znaczy Chrystusa Pana. Chrystus, nowy Adam, właśnie w objawieniu tajemnicy Ojca i Jego miłości objawia w pełni człowieka samemu człowiekowi i odsłania przed nim jego najwyższe powołanie" (tamże). Tylko Chrystus swoim człowieczeństwem odsłania do końca tajemnicę człowieka. Wniknąć do głębi w tajemnicę człowieka można tylko wówczas, kiedy się przyjmie jako punkt wyjścia jego stworzenie na obraz i podobieństwo Boże. Istota ludzka nie może zrozumieć siebie samej na podstawie odniesienia do innych stworzeń świata widzialnego. Klucz do zrozumienia samego siebie człowiek znajduje, kontemplując boski Pierwowzór, Słowo Wcielone, przedwiecznego Syna Bożego. Pierwotnym i decydującym źródłem do zrozumienia wewnętrznej natury istoty ludzkiej jest zatem Trójca Święta. O wszystkim tym mówi biblijna formuła „obrazu i podobieństwa", zawarta na pierwszych kartach Księgi Rodzaju (por. Rdz 1, 26–27). Ażeby więc wyjaśnić do końca istotę człowieka, trzeba sięgnąć do tego źródła.

W dalszym ciągu Konstytucja *Gaudium et spes* rozwija tę podstawową myśl. Chrystus „jest »obrazem Boga niewidzialnego« (Kol 1, 15), jest zarazem doskonałym człowiekiem, który przywrócił synom Adama podobieństwo Boże, zniekształcone przez grzech pierworodny. Ponieważ w Nim natura ludzka została przyjęta, a nie odrzucona, tym samym także w nas została wyniesiona do wysokiej godności" (n. 22). Ta kategoria godności jest bardzo ważna, bardzo istotna dla chrześcijańskiego myślenia o człowieku. Jest ona szeroko stosowana w całej antropologii, nie tylko teoretycznej, ale także praktycznej, w nauczaniu moralności, a nawet w dokumentach o charakterze politycznym. Godność właściwa człowiekowi, według nauki Soboru, nie zasadza się tylko na samym człowieczeństwie, ale bardziej jeszcze na fakcie, że w Jezusie Chrystusie Bóg stał się prawdziwym człowiekiem. Czytamy więc dalej: „On sam bowiem, Syn Boży, poprzez wcielenie zjednoczył się w pewien sposób z każdym człowiekiem. Ludzkimi rękami wykonywał pracę, ludzkim umysłem myślał, ludzką wolą działał, ludzkim sercem kochał. Zrodzony z Maryi Dziewicy, stał się prawdziwie jednym z nas, podobny do nas we wszystkim z wyjątkiem grzechu" (n. 22). Za każdym z tych sformułowań stoi wielki wysiłek doktrynalny Kościoła pierwszego milenium, ażeby prawidłowo przedstawić tajemnicę Boga-Człowieka. Świadczą o tym prawie wszystkie sobory, które biorąc pod uwagę różne aspekty, wracały do tej podstawowej dla chrześcijaństwa tajemnicy wiary. II Sobór Watykański opiera swoje nauczanie na całym wypracowanym wcześniej bogactwie doktrynalnym na temat „boskiego człowieczeństwa Chrystusa", wyciągając z niego zasadniczy wniosek dla chrześcijańskiej antropologii. Na tym właśnie polega jego odkrywczy i nowy charakter.

Tajemnica Słowa Wcielonego pomaga nam w zrozumieniu tajemnicy człowieka, i to także w wymiarze historycznym. Chrystus bowiem jest „ostatnim Adamem", jak uczy św. Paweł w Pierwszym Liście do Koryntian (15, 45–49). Ten nowy Adam jest Odkupicielem człowieka, Odkupicielem pierwszego Adama, to znaczy człowieka historycznego, obciążonego dziedzictwem pierworodnego upadku. Czytamy w *Gaudium et spes*: „Niewinny Baranek, przelawszy dobrowolnie swoją krew, wysłużył nam życie, w Nim Bóg pojednał nas ze sobą, a także między nami, i wyrwał nas z niewoli diabła i grzechu, tak że każdy z nas może powiedzieć wraz z Apostołem: Syn Boży »umiłował mnie i samego siebie wydał za mnie« (Ga 2, 20). Cierpiąc za nas, nie tylko dał przykład, abyśmy szli Jego śladami, lecz także przetarł szlak; gdy nim idziemy, życie i śmierć uświęcają się i nabierają nowego znaczenia. (...) Chrześcijanina z pewnością przynagla konieczność i obowiązek walki ze złem pośród licznych udręk, a także przyjęcia śmierci; ale złączony z misterium paschalnym i upodobniony do śmierci Chrystusa, wyjdzie umocniony nadzieją na spotkanie zmartwychwstania" (n. 22).

Mówi się, że II Sobór Watykański przyniósł pewnego rodzaju „zwrot antropologiczny", według wyrażenia Karla Rahnera. Jest to uzasadniona intuicja, ale w żadnym razie nie można zapominać, że ten zwrot ma charakter dogłębnie chrystologiczny. Antropologia Vaticanum II zakorzeniona jest w chrystologii, czyli zarazem w teologii. Przytoczone zdania z Konstytucji duszpasterskiej *Gaudium et spes* stanowią poniekąd samo sedno tego zwrotu, który dokonał się w sposobie prezentowania antropologii przez Kościół. Opierając się na tym nauczaniu, mogłem powiedzieć w encyklice *Redemptor hominis*, że „człowiek jest drogą Kościoła" (n. 14).

Gaudium et spes podkreśla bardzo mocno, że to wyjaśnienie tajemnicy człowieka, które sięga do głębi tajemnicy Słowa Wcielonego, odnosi się „nie tylko do chrześcijan, lecz także do wszystkich ludzi dobrej woli, w których sercu w niewidzialny sposób działa łaska. Skoro bowiem Chrystus umarł za wszystkich i skoro ostateczne powołanie człowieka jest w istocie jedno, mianowicie Boskie, powinniśmy utrzymywać, że Duch Święty wszystkim daje możliwość uczestniczenia w tym misterium paschalnym w tylko Bogu znany sposób" (n. 22).

Antropologia Soboru ma charakter wyraźnie dynamiczny, mówi o człowieku w świetle jego powołania, mówi o nim w sposób egzystencjalny. Na nowo została zaproponowana wizja tajemnicy człowieka, która zajaśniała wierzącym przez

Objawienie chrześcijańskie. „Przez Chrystusa i w Chrystusie więc rozświetlana jest tajemnica cierpienia i śmierci, która poza Jego Ewangelią przygniata nas. Chrystus zmartwychwstał, unicestwiając śmierć swoją śmiercią, i szczodrze udzielił nam swojego życia, abyśmy, synowie w Synu, wołali w Duchu: »*Abba*. Ojcze!«" (n. 22). Takie ujęcie centralnego misterium chrześcijaństwa najdoskonalej odpowiada wyzwaniom współczesnej myśli, która jest ukierunkowana na to, co egzystencjalne. Jest to myśl, która niesie w sobie pytanie o sens całej ludzkiej egzystencji, a zwłaszcza o sens cierpienia i śmierci. Właśnie w tej perspektywie Ewangelia jawi się jako największe proroctwo. Jest to proroctwo o człowieku. Poza Ewangelią człowiek pozostaje dramatycznym pytaniem bez odpowiedzi. Właściwą bowiem odpowiedzią na pytanie o człowieka jest Chrystus – *Redemptor hominis*.

19.

Misja Kościoła

W październiku 1978 roku Ojciec Święty opuścił Polskę,
udręczoną przez wojnę i komunizm, aby przybyć do Rzymu
i podjąć zadanie Następcy Piotra. Te polskie doświadczenia
zbliżyły Ojca Świętego do nowego, posoborowego kształtu
Kościoła: do Kościoła bardziej niż dotąd otwartego na
sprawy świeckich i na świat. Jakie są, według Ojca Świętego,
najważniejsze zadania Kościoła w obecnym świecie? Jaka
winna być postawa ludzi Kościoła?

Potrzebna jest dzisiaj olbrzymia praca Kościoła. Potrzebne jest zwłaszcza apostolstwo świeckich, to, o którym mówi II Sobór Watykański. Niezbędnie konieczna jest pogłębiona świadomość misyjna. Kościół w Europie i na wszystkich kontynentach musi sobie zdawać sprawę z tego, że jest wszędzie i zawsze Kościołem misyjnym (*in statu missionis*). Misja należy do jego natury tak bardzo, że nigdy i nigdzie, nawet w krajach o ugruntowanej tradycji chrześcijańskiej, Kościół nie może nie być misyjny. Tę świadomość, odnowioną na II Soborze Watykańskim, pogłębiał w czasie piętnastu lat swego pontyfikatu Paweł VI przy pomocy Synodu Biskupów. Tak powstała na przykład adhortacja papieska *Evangelii nuntiandi*. Ja również od pierwszych tygodni mego posługiwania starałem się to kontynuować. Świadczy o tym pierwszy dokument pontyfikatu, encyklika *Redemptor hominis*.

W tej misji, jaką otrzymał od Chrystusa, Kościół musi być niestrudzony. Musi być pokorny i mężny, tak jak Chrystus sam i tak jak Jego apostołowie. Nawet gdy napotyka sprzeciwy, gdy bywa oskarżany na różne sposoby – na przykład o prozelityzm lub o rzekome próby klerykalizacji życia społecznego – nie może się zniechęcać. Przede wszystkim zaś nie może zaprzestać głoszenia Ewangelii. Już św. Paweł był tego świadom, gdy pisał do swojego ucznia: „Głoś naukę, nastawaj w porę i nie w porę, wykazuj błąd, napominaj, podnoś na duchu z całą cierpliwością w każdym nauczaniu" (2 Tm 4, 2). Skąd się bierze ten wewnętrzny imperatyw, o którego mocy świadczą inne słowa Pawłowe: „Biada mi bowiem, gdybym nie głosił Ewangelii!" (1 Kor 9, 16)? To jasne! Bierze się on z tej świadomości, że nie zostało nam dane żadne imię pod niebem, w którym by ludzie mogli być zbawieni, tylko to jedno: Chrystus (por. Dz 4, 12).

„Chrystus – tak, Kościół – nie!", głoszą niektórzy współcześni. W tym programie, mimo kontestacji, zdaje się przejawiać jakieś otwarcie na Chrystusa, które oświecenie wykluczało. Jest to jednak otwarcie pozorne. Chrystus bowiem, jeżeli jest rzeczywiście akceptowany, zawsze kształtuje Kościół, który jest Jego Ciałem mistycznym. Nie ma Chrystusa bez wcielenia, nie ma Chrystusa bez Kościoła. Wcielenie Syna Bożego w ludzką naturę ma z Jego woli swoje przedłużenie we wspólnocie istot ludzkich, którą On sam ustanowił i której zagwarantował swoją nieustanną obecność: „A oto Ja jestem z wami przez wszystkie dni, aż do skończenia świata" (Mt 28, 20). Oczywiście, Kościół jako ludzka instytucja potrzebuje wciąż oczyszczenia i odnowy. Przyznał to z pełną odwagi szczerością II Sobór Watykański (por. *Lumen gentium*, 8; *Gaudium et spes*, 43; *Unitatis redintegratio*, 6). Jednakże Kościół jako Ciało Chrystusa jest warunkiem Chrystusowej obecności i działania w świecie.

Można powiedzieć, że wszystkie myśli, które tutaj zostały wypowiedziane, wyrażają, bezpośrednio czy pośrednio, treść inicjatyw podjętych w związku z obchodami zakończenia drugiego tysiąclecia od narodzin Chrystusa i rozpoczęcia trzeciego. Mówiłem o tym w dwóch listach apostolskich, które skierowałem do Kościoła, a także, w pewnym sensie, do wszystkich ludzi dobrej woli, przy okazji tego wydarzenia. Zarówno w *Tertio millennio adveniente*, jak i w *Novo millennio ineunte* podkreślałem, że Wielki Jubileusz był wydarzeniem, które w stopniu dotąd niespotykanym dotyczyło całego rodzaju ludzkiego. Chrystus należy do dziejów całej ludzkości i te dzieje tworzy. Ożywia je w sposób sobie właściwy, na podobieństwo ewangelicznego zaczynu. Zostało bowiem odwiecznie zaplanowane przez Boga jakieś przebóstwiające przetworzenie człowieka i świata w Chrystusie. I to przetworzenie stale się urzeczywistnia – także w naszych czasach.

Wizja Kościoła, jaką zarysowała Konstytucja dogmatyczna *Lumen gentium*, domagała się jak gdyby uzupełnienia. Wyczuwał to bardzo wnikliwie już Jan XXIII, który w ostatnich tygodniach przed swoją śmiercią zadecydował, że Sobór będzie pracował nad osobnym dokumentem o Kościele w świecie współczesnym. Ta praca okazała się niezmiernie płodna. Konstytucja duszpasterska *Gaudium et spes* niejako otworzyła Kościół na wszystko to, co mieści się w pojęciu „świat". Wiadomo, że pojęcie to ma w Piśmie Świętym podwójne znaczenie. Kiedy mówi się na przykład o „duchu tego świata" (por. 1 Kor 2, 12), chodzi o wszystko to, co w świecie odwodzi człowieka od Boga. Dziś moglibyśmy to ująć w pojęciu tak zwanego zeświecczenia, czyli laickiej sekularyzacji. Jednak to negatywne znaczenie świata jest w Piśmie Świętym zrekompensowane znaczeniem pozytywnym: świata jako dzieła Bożego, świata jako zespołu dóbr, które zostały człowiekowi dane i zadane przez Stwórcę, aby świadomie i odpowiedzialnie włączał się w jego tworzenie. Jest to świat, który jest teatrem historii rodzaju ludzkiego, naznaczonym śladami jego wysiłków, jego przegranych i zwycięstw. Został skażony grzechem człowieka, ale też został odkupiony przez Chrystusa ukrzyżowanego i zmartwychwstałego, i oczekuje swojego wypełnienia, również dzięki zaangażowaniu człowieka (por. Konstytucja *Gaudium et spes*, 2). Można by, parafrazując wyrażenie św. Ireneusza, powiedzieć: *Gloria Dei mundus a homine secundum amorem Dei excultus* – Chwałą Boga świat, który człowiek doskonali zgodnie z Bożą miłością.

20.
Stosunek Kościoła
do państwa

Misyjne zadania Kościoła realizowane są w określonym
społeczeństwie i na terenie określonego państwa. Jak Ojciec
Święty widzi stosunek Kościoła do państwa w obecnej
sytuacji?

W Konstytucji duszpasterskiej *Gaudium et spes* czytamy:
„Wspólnota polityczna i Kościół są, każde na własnym terenie, od siebie niezależne i autonomiczne. Jednak i wspólnota
polityczna, i Kościół, choć z różnego tytułu, służą osobistemu
i społecznemu powołaniu tych samych ludzi. Służbę tę będą
mogły pełnić dla dobra wszystkich tym skuteczniej, im lepiej
prowadzić będą ze sobą zdrową współpracę, uwzględniając
także okoliczności miejsca i czasu. Człowiek bowiem nie jest
ograniczony do samego tylko porządku doczesnego, ale żyjąc
w historii ludzkiej, integralnie zachowuje swoje powołanie do
życia wiecznego" (n. 76). Tak więc znaczenie, jakie nadaje
Sobór terminowi „rozdział Kościoła od państwa", jest bardzo
dalekie od tego, jakie usiłowały nadać mu systemy totalitarne.
Było to z pewnością zaskoczeniem, a także poniekąd wyzwaniem dla wielu krajów, zwłaszcza tych rządzonych przez ko-
munistów. Z całą pewnością rządy te nie mogły takiego stanowiska Soboru odrzucić, ale równocześnie zdawały sobie spra-

wę, że godziło ono w ich rozumienie rozdziału Kościoła od państwa, wedle którego świat należy wyłącznie do państwa, a Kościół ma własny zakres, w pewnym sensie pozaświatowy. Soborowa wizja Kościoła „w świecie" takiemu stanowisku przeczy. Świat jest dla Kościoła zadaniem i wyzwaniem. Jest nim dla wszystkich chrześcijan, a w szczególności dla katolików świeckich. Sobór postawił mocno sprawę apostolstwa świeckich, czyli czynnej obecności chrześcijan w życiu społecznym. Ten jednak zakres, wedle ideologii marksistowskiej, miał stanowić wyłączną domenę państwa i partii.

Warto o tym przypomnieć, ponieważ istnieją dzisiaj partie, które choć mają charakter demokratyczny, wykazują narastającą skłonność do interpretacji zasady rozdziału Kościoła od państwa zgodnie z rozumieniem, jakie stosowały rządy komunistyczne. Oczywiście, dziś społeczeństwo dysponuje odpowiednimi środkami samoobrony. Musi tylko chcieć je stosować. Właśnie w tej dziedzinie budzi obawy pewna bierność, jaką można dostrzec w zachowaniu wierzących obywateli. Odnosi się wrażenie, że niegdyś było bardziej żywe ich przekonanie o prawach w dziedzinie religii, a co za tym idzie, większa gotowość do ich obrony z zastosowaniem istniejących środków demokratycznych. Dzisiaj to wszystko wydaje się w jakiś sposób osłabione, a nawet zahamowane, może także z powodu niewystarczającego przygotowania elit politycznych.

W wieku XX uczyniono wiele, aby świat przestał wierzyć, ażeby odrzucił Chrystusa. Pod koniec stulecia, a zarazem pod koniec tysiąclecia te destruktywne siły osłabły, pozostawiając jednak po sobie wielkie spustoszenia. Chodzi o spustoszenia w duszach ludzkich, z rujnującymi skutkami w dziedzinie moralności, zarówno osobistej i rodzinnej, jak też w dziedzinie etyki społecznej. Wiedzą o tym najlepiej duszpasterze, którzy mają do czynienia z życiem duchowym człowieka na co dzień. Kiedy dane mi jest rozmawiać z nimi, słyszę niejednokrotnie wyznania wstrząsające. Niestety, Europę na przełomie tysiącleci można by określić jako kontynent spustoszeń. Programy polityczne nastawione przede wszystkim na rozwój ekonomiczny same nie uzdrowią tych ran. Mogą je nawet jeszcze pogłębić. Otwiera się tutaj olbrzymie pole pracy dla Kościoła. Ewangeliczne żniwo we współczesnym świecie jest naprawdę wielkie. Należy tylko prosić Pana – prosić Go usilnie – aby posłał robotników na żniwo, które oczekuje zbiorów.

21.

Europa na tle
innych kontynentów

*Byłoby może ciekawe spojrzeć na Europę pod kątem
odniesień do innych kontynentów. Ojciec Święty brał udział
w pracach Soboru i miał możność spotykania się z różnymi
osobistościami z całego świata. Podobnie w czasie swoich tak
licznych pielgrzymek apostolskich. Jakie wrażenia wyniósł
Wasza Świątobliwość z tych spotkań?*

Odwołuję się najpierw do doświadczeń, jakie miałem
jako biskup, zarówno podczas Soboru, jak i w późniejszym
okresie współpracy z różnymi kongregacjami Kurii Rzymskiej.
Szczególne znaczenie miał dla mnie udział w zgromadzeniach
Synodu Biskupów. Wszystkie te spotkania pozwoliły mi stworzyć sobie pewien obraz odniesienia Europy do krajów pozaeuropejskich, a nade wszystko Kościołów pozaeuropejskich. Stosunki te układały się, w świetle nauczania soborowego, na zasadzie kościelnej *communio ecclesiarum*, tej
komunii, która przekładała się na wymianę dóbr i usług,
wzajemne wzbogacanie się duchowe. Kościół katolicki w Europie, zwłaszcza w Europie Zachodniej, współistnieje z chrześcijaństwem poreformacyjnym. Na Wschodzie przeważają
prawosławni. Poza Europą kontynentem najbardziej kato-

lickim jest Ameryka Łacińska. W Ameryce Północnej katolicy stanowią względną większość. Nieco podobna sytuacja jest w Australii i w Oceanii. Na Filipinach Kościół reprezentuje znaczną większość społeczeństwa. Na kontynencie azjatyckim katolicy są w liczbowej mniejszości. Afryka jest kontynentem misyjnym, gdzie Kościół wciąż czyni znaczne postępy. Większość Kościołów pozaeuropejskich powstała dzięki działalności misyjnej, która za punkt wyjścia miała Europę. Są to dzisiaj Kościoły o własnej tożsamości i wyraźnej specyfice. Jeśli, historycznie rzecz biorąc, Kościoły południowo- czy północnoamerykańskie, afrykańskie czy też azjatyckie można uważać za „emanację" Europy, to faktycznie stanowią one dla Starego Kontynentu rodzaj przeciwwagi, zwłaszcza w miarę jak postępuje na nim pewien proces dechrystianizacji.

W znamienny sposób w XX wieku powstała sytuacja konkurencji trzech światów. Sens tego określenia jest znany: za czasów dominacji komunistycznej na wschodzie Europy zaczęło się uważać za „drugi świat" ten, który pozostał za „żelazną kurtyną", świat „kolektywistyczny", przeciwstawiając go „pierwszemu światu", kapitalistycznemu, na Zachodzie. Wszystko to, co znajdowało się poza ich obrębem, nazywano „trzecim światem", mając na myśli zwłaszcza kraje znajdujące się na drodze ekonomicznego rozwoju.

W tym tak podzielonym świecie Kościół szybko zdał sobie sprawę, że musi zmodyfikować sposób wypełniania właściwego mu zadania, jakim jest ewangelizacja. Biorąc pod uwagę sprawiedliwość społeczną, ważny wymiar ewangelizacji, w działalności duszpasterskiej pośród mieszkańców „świata kapitalistycznego" Kościół wciąż popierał sprawiedliwy postęp, nawet jeżeli towarzyszyły mu procesy dechrystianizacji, zakorzenione jeszcze w starych oświeceniowych tradycjach. W odniesieniu zaś do „drugiego świata", komunistycznego, Kościół odczuwał konieczność walki przede wszystkim o prawa człowieka i prawa narodów. Miało to miejsce nie tylko w Polsce, ale i w krajach sąsiednich. Natomiast w krajach „trzeciego świata" Kościół nie tylko starał się chrystianizować miejscowe społeczeństwa, ale także uwydatniać niesprawiedliwy podział dóbr, już nie tylko pomiędzy poszczególne grupy społeczne, ale pomiędzy strefy ziemskiego globu. Coraz przejrzystszy stawał się bowiem podział na bogatą i stale bogacącą się Północ i ubogie Południe, eksploatowane i na różne sposoby dyskryminowane również po zakończeniu kolonizacji. Ubóstwo Południa, zamiast maleć, stale rosło. Było konieczne uznanie, że ten niesprawiedliwy układ był konsekwencją niekontrolowanego kapitalizmu, który z jednej strony służył bogaceniu się bogatych, a z drugiej – zagrażał dalszym, narastającym zubożeniem ubogich.

Taki jest obraz świata i Europy, który wyniosłem z kontaktów z biskupami z innych kontynentów podczas sesji Soboru i przy innych okazjach po Soborze. Po wyborze na Stolicę Piotrową 16 października 1978 roku, przebywając w Rzymie czy też nawiedzając podczas wizyt duszpasterskich różne Kościoły rozsiane po całym świecie, mogłem stwierdzić słuszność tej wizji i ją zgłębić i w tej właśnie perspektywie kontynuowałem posługiwanie mające służyć ewangelizacji świata już w dużym stopniu przenikniętego Ewangelią. W tych latach zawsze przywiązywałem szczególną wagę do zadań, które leżały na linii spotkania Kościoła ze światem współczesnym. Konstytucja duszpasterska *Gaudium et spes* mówi o „świecie", a wiadomo, że pod tym terminem kryje się wiele różnych światów. Na to właśnie zwróciłem uwagę już na Soborze, przemawiając jako metropolita krakowski.

DEMOCRATIA

DEMOKRACJA:
MOŻLIWOŚCI I ZAGROŻENIA

22.
Współczesna demokracja

Jako program współczesnej demokracji rewolucja francuska rozpowszechniła w świecie hasło: „wolność, równość, braterstwo". Jak Ojciec Święty ocenia system demokratyczny w jego współczesnym zachodnim wydaniu?

Refleksje snute dotychczas przybliżyły nas do sprawy, która dla cywilizacji europejskiej zdaje się szczególnie znamienna: jest to mianowicie sprawa demokracji, rozumianej nie tylko w sensie ustroju politycznego, ale także pewnej postawy umysłowej i obyczajowej. Demokracja zakorzenia się w tradycji greckiej, chociaż w antycznej Helladzie nie oznaczała tego samego co we współczesnych demokracjach. Znane jest klasyczne rozróżnienie pomiędzy trzema odmianami ustroju politycznego: monarchią, arystokracją i demokracją. Każdy z tych ustrojów daje własną odpowiedź na pytanie o to, kto jest pierwotnym podmiotem władzy. Wedle koncepcji monarchicznej podmiotem tym jest jakaś jednostka: król, cesarz czy udzielny książę. W systemie arystokratycznym jest nim pewna grupa społeczna, która sprawuje władzę na podstawie szczególnych zasług, na przykład na polu bitwy, pochodzenia czy zamożności. W ustroju demokratycznym natomiast podmiotem władzy jest całe społeczeństwo, cały „lud", po grecku *demos*. Oczywiście, całe społeczeństwo nie może bezpośrednio sprawować władzy, dlatego też demokratyczna forma rządów opiera się na strukturach władzy wyłanianych w drodze wolnych wyborów.

Wszystkie te trzy formy sprawowania rządów były urzeczywistniane w dziejach poszczególnych społeczeństw i w dalszym ciągu są urzeczywistniane, z tym że tendencja współczesna zdecydowanie zmierza ku ustrojowi demokratycznemu, jako najbardziej odpowiadającemu rozumnej i społecznej naturze człowieka, a w konsekwencji wymogom sprawiedliwości społecznej. Trudno bowiem nie przyjąć, że jeżeli społeczeństwo składa się z ludzi, a człowiek jest istotą społeczną, to jest konieczne dopuszczenie każdego do uczestnictwa – choćby pośredniego – we władzy.

Patrząc na polskie dzieje, możemy stwierdzić stopniowe następowanie po sobie tych trzech form ustroju politycznego, ale także ich przenikanie się. Jeżeli państwo piastowskie miało charakter przede wszystkim monarchiczny, to od czasów jagiellońskich monarchia staje się coraz bardziej konstytucyjna, a po wygaśnięciu dynastii, przy zachowaniu zwierzchnictwa monarchicznego, władza była oparta na oligarchii szlacheckiej. Ponieważ jednak podmiot władzy, jakim była szlachta, był dość rozległy, trzeba było uciec się do jakiejś formy demokratycznego wyboru tych, którzy mieli reprezentować rody szlacheckie. W ten sposób zrodziła się demokracja szlachecka. Tak więc monarchia konstytucyjna i demokracja szlachecka współistniały ze sobą przez szereg wieków w tym samym państwie. Jeżeli stanowiło to w początkowych fazach siłę państwa polsko-litewsko-ruskiego, to z biegiem czasu i wraz ze zmianą sytuacji coraz bardziej objawiała się słabość i niewydolność tego ustroju, które doprowadziły do utraty niepodległości.

Po odzyskaniu niepodległości Rzeczpospolita Polska ukonstytuowała się jako państwo demokratyczne, z prezydentem i z dwuizbowym parlamentem. Po upadku tak zwanej Polski Ludowej w 1989 roku Trzecia Rzeczpospolita wróciła do ustroju analogicznego do tego, który funkcjonował przed II wojną światową. Jeżeli chodzi o okres Polski Ludowej, trzeba powiedzieć, że chociaż nazwała siebie „demokracją ludową", faktycznie władza spoczywała w ręku partii komunistycznej (oligarchia partyjna), a pierwszy sekretarz tej partii był zarazem pierwszą osobą w życiu politycznym kraju.

Cały ten retrospektywny przegląd historii różnych form sprawowania rządów pozwala nam lepiej zrozumieć etyczno-społeczne znaczenie założeń demokratycznych ustroju. O ile w ustrojach monarchicznych i oligarchicznych (na przykład polska demokracja szlachecka) część społeczeństwa (często jego ogromna większość) skazana jest na rolę warstw biernych czy też podporządkowanych, ponieważ władza spoczywa w rękach mniejszości, o tyle w założeniu demokratycznym to powinno być wykluczone. Czy w rzeczywistości jest wykluczone? Pewne sytuacje, jakie zachodzą w demokracji, usprawiedliwiają to pytanie. W każdym razie, biorąc pod uwagę same założenia, katolicka etyka społeczna skłania się do rozwiązania demokratycznego jako tego, które – jak powiedziałem – bardziej odpowiada rozumnej i społecznej naturze człowieka. Równocześnie zaś daleka jest od „kanonizowania" tego ustroju. Pozostaje prawdą, że każde z tych rozwiązań ustrojowych – monarchia, arystokracja i demokracja – może pod ściśle określonymi warunkami służyć realizowaniu tego, co jest istotnym celem władzy, to znaczy dobra wspólnego. Koniecznym założeniem każdego rozwiązania jest jednak poszanowanie fundamentalnych norm etycznych. Już dla Arystotelesa polityka nie jest niczym innym, jak tylko etyką społeczną. Znaczy to, że od odpowiednich cnót zależy, czy dany ustrój nie ulegnie wypaczeniu. Różne formy wypaczenia ustroju znalazły już w tradycji greckiej właściwe nazwy. I tak monarchia może wyrodzić się w tyranię; a dla form patologicznych demokracji Polibiusz ukuł nazwę „ochlokracja", czyli panowanie tłumu.

Po upadku ideologii XX-wiecznych, a zwłaszcza po upadku komunizmu, nadzieje wielu narodów związały się z demokracją. Właśnie w tym kontekście wypada zapytać: czym powinna być demokracja? Często słyszy się twierdzenie, że dzięki demokracji tworzy się prawdziwe państwo prawa. W tym systemie bowiem życie społeczne jest regulowane prawem stanowionym przez parlamenty, które sprawują władzę ustawodawczą. W tych zgromadzeniach są opracowywane normy, które regulują postępowanie obywateli w różnych zakresach życia społecznego. Oczywiście, każda dziedzina życia wymaga specjalnego ustawodawstwa, które pozwoli jej prawidłowo się rozwijać. Państwo prawa wypełnia w ten sposób postulat każdej demokracji: tworzenia społeczeństwa wolnych obywateli, którzy razem wytrwale dążą do dobra wspólnego.

Po tym wszystkim, co zostało powiedziane, może się okazać użyteczne odwołanie się raz jeszcze do dziejów Izraela. Była mowa o Abrahamie, który był człowiekiem wiary w obietnicę Boga. Stał się ojcem wielu narodów, przez to że przyjął z ufnością Boże słowo. To znaczące, że w tym kontekście odwołują się do Abrahama zarówno synowie i córki Izraela, jak też i chrześcijanie. Powołują się na niego również muzułmanie. Trzeba jednak od razu sprecyzować, że nie Abraham stoi u podstaw narodu izraelskiego jako zorganizowanego społeczeństwa, ale Mojżesz. To Mojżesz wyprowadził swoich rodaków z ziemi egipskiej, a podczas wędrówki na pustyni stał się prawdziwym twórcą państwa prawa w biblijnym tego słowa znaczeniu. Jest to kwestia, którą trzeba tu szczególnie uwydatnić: Izrael, jako lud wybrany przez Boga, był społeczeństwem teokratycznym, dla którego Mojżesz był nie tylko charyzmatycznym przywódcą, ale także prorokiem. Jego zadaniem było w imieniu Boga budować prawno-religijne podstawy egzystencji Izraela. W tej działalności Mojżesza kluczowym momentem było wydarzenie, które rozegrało się u podnóża góry Synaj. Tam bowiem zostało zawarte przymierze Boga z narodem izraelskim, którego podstawą było prawo, jakie Mojżesz otrzymał od Boga na górze. Zasadniczo prawo to stanowił Dekalog: dziesięć słów, dziesięć zasad postępowania, bez których żadna ludzka wspólnota, żaden naród ani też społeczność międzynarodowa nie może się urzeczywistnić. Przykazania wyryte na dwóch tablicach, które Mojżesz otrzymał na Synaju, są równocześnie wypisane w sercu człowieka. Uczy tego św. Paweł w Liście do Rzymian: „Treść Prawa wypisana jest w ich sercach, gdy jednocześnie ich sumienie staje jako świadek" (2, 15). Boskie prawo Dekalogu ma moc wiążącą jako prawo natury również dla tych, którzy nie akceptują Objawienia: nie zabijaj, nie cudzołóż, nie kradnij, nie mów fałszywego świadectwa, czcij ojca i matkę swoją... Każde z tych słów kodeksu synajskiego bierze w obronę jakieś podstawowe dobro życia i współżycia ludzkiego. Jeżeli kwestionuje się to prawo, współżycie ludzkie staje się niemożliwe, a egzystencja moralna człowieka na różne sposoby zagrożona. Mojżesz, który schodzi z góry, niosąc tablice Przykazań, nie jest ich autorem. Jest raczej sługą i rzecznikiem tego Prawa, które Bóg dał mu na Synaju. Na ich podstawie sformułuje on potem bardzo szczegółowy kodeks postępowania, który przekaże synom i córkom Izraela w Pięcioksięgu.

Chrystus potwierdził Dekalog jako podstawę chrześcijańskiej moralności, uwydatniając równocześnie jego syntezę zawartą w przykazaniach miłości Boga i bliźniego. Wiadomo również, że znaczenie, jakie nadaje On w Ewangelii określeniu „bliźni", ma charakter uniwersalny. Miłość, do której zobowiązany jest chrześcijanin, obejmuje wszystkich ludzi, również nieprzyjaciół. Kiedy pisałem studium *Miłość i odpowiedzialność*, to największe przykazanie Ewangelii ukazało mi się jako norma personalistyczna. Właśnie dlatego, że człowiek jest bytem osobowym, nie możemy oddać tego, co się mu należy, inaczej, jak tylko kochając go. Tak jak miłość jest największym przykazaniem w odniesieniu do Boga-Osoby, tak też miłość jest fundamentalnym obowiązkiem w odniesieniu do osoby ludzkiej, stworzonej na obraz i podobieństwo Boga.

Ten właśnie pochodzący od Boga kodeks moralności, prawo zatwierdzone w Starym i Nowym Przymierzu, jest nienaruszalną podstawą również każdego ludzkiego prawodawstwa w jakimkolwiek ustroju, a w szczególności w ustroju demokratycznym. Prawo stanowione przez człowieka, przez parlamenty i każdą inną instancję prawodawczą, nie może pozostawać w sprzeczności z prawem natury, czyli ostatecznie z odwiecznym prawem Boga. Św. Tomasz sformułował znaną definicję prawa: *Lex est quaedam rationis ordinatio ad bonum commune, ab eo qui curam communitatis habet promulgata* – „Prawo jest to rozporządzenie rozumu dla dobra wspólnego nadane i publicznie obwieszczone przez tego, kto ma pieczę nad wspólnotą"*. Jako „rozporządzenie rozumu", prawo zasadza się na prawdzie bytu: prawdzie o Bogu, prawdzie o człowieku, prawdzie o całej rzeczywistości stworzonej. Ta prawda wyraża się w prawie naturalnym, którego aplikacją do konkretnych sytuacji społecznych jest prawo stanowione. Prawodawca dodaje do tego akt promulgacji. Tak było na Synaju, gdy chodzi o prawo Boże, i tak jest w parlamentach, gdy chodzi o różne formy prawodawstwa stanowionego.

Dotykamy w tym miejscu sprawy o zasadniczej wadze dla historii Europy w XX wieku. Przecież to parlament legalnie wybrany pozwolił na powołanie do władzy Hitlera w Niemczech w latach trzydziestych, a z kolei ten sam Reichstag, udzielając plenipotencji (*Ermäachtigungsgesetz*) Hitlerowi, otworzył drogę do politycznej inwazji na Europę, do tworzenia obozów koncentracyjnych i do wprowadzenia w życie tak zwanego „ostatecznego rozwiązania" kwestii żydowskiej, czyli eksterminacji milionów synów i córek Izraela. Wystarczy przywołać na pamięć tylko ten jeden bliski nam w czasie cykl wydarzeń, ażeby zobaczyć jasno, że prawo stanowione przez człowieka ma swoje granice, których nie może przekraczać.

---

* Tomasz z Akwinu, *Summa Th.* I–II, q. 90, a. 4; wyd. pol.: *Suma teologiczna*, tłum. o. Pius Bełch OP, Londyn 1986.

Są to granice wyznaczone przez prawo natury, za pomocą którego Bóg sam chroni podstawowe dobra człowieka. Zbrodnie hitlerowskie doczekały się swojej Norymbergi, gdzie winni zostali osądzeni i ponieśli karę według ludzkiego wymiaru sprawiedliwości. Jednak jest wiele przypadków, w których brakuje tego ostatniego dopełnienia, choć zawsze pozostaje najwyższy trybunał Boskiego Prawodawcy. Głęboka tajemnica okrywa sposób, w jaki Sprawiedliwość i Miłosierdzie spotykają się w Bogu w sądzie nad ludźmi i dziejami ludzkości.

W tej perspektywie, jak już mówiłem, na początku nowego stulecia i tysiąclecia trzeba wysuwać zastrzeżenia wobec postanowień prawnych, jakie zostały zadecydowane w parlamentach współczesnych demokracji. Najbardziej bezpośrednie odniesienie, jakie przychodzi na myśl, to prawa aborcyjne. Kiedy jakiś parlament zezwala na przerywanie ciąży, zgadzając się na zabicie dziecka w łonie matki, popełnia poważne nadużycie w stosunku do istoty ludzkiej niewinnej, a ponadto pozbawionej jakiejkolwiek możliwości samoobrony. Parlamenty, które stanowią i promulgują podobne prawa, muszą być świadome tego, że przekraczają swoje kompetencje i pozostają w jawnym konflikcie z prawem Bożym i z prawem natury.

23.
Powrót do Europy?

Bardzo aktualnym zagadnieniem jest odniesienie Polski do nowej Europy. Można się pytać, jakie tradycje wiążą Polskę ze współczesną Europą Zachodnią. Czy mogą zrodzić się problemy na skutek niedawnego włączenia jej w organizmy europejskie? Jak Ojciec Święty widzi miejsce i rolę Polski w Europie?

Po upadku komunizmu w Polsce zaczęto lansować tezę o konieczności powrotu do Europy. Oczywiście, były uzasadnione racje, które przemawiały na rzecz takiego postawienia kwestii. Niewątpliwie bowiem system totalitarny narzucony ze Wschodu oddzielał nas od Europy. Tak zwana „żelazna kurtyna" była tego wymownym symbolem. Równocześnie jednak, z innego punktu widzenia, teza o „powrocie do Europy" nie wydawała się poprawna, również w stosunku do ostatniego okresu naszej historii. Chociaż bowiem politycznie zostaliśmy oddzieleni od reszty kontynentu, to przecież Polacy nie szczędzili w tych latach wysiłku, aby wnieść własny wkład w tworzenie nowej Europy. Jak nie wspomnieć w tym kontekście o heroicznej walce z nazistowskim agresorem w roku 1939, a także powstania, jakim w 1944 roku Warszawa zareagowała na horror okupacji. Znaczący był potem rozwój „Solidarności", który doprowadził do upadku systemu totalitarnego na Wschodzie – nie tylko w Polsce, ale i w krajach sąsiednich. Trudno więc zgodzić się bez uściśleń z tezą, według której Polska „musiała wracać do Europy". Polska już była w Europie, skoro aktywnie uczestniczyła w jej tworzeniu. Mówiłem o tym na wielu miejscach podczas moich podróży do Polski. Mówiłem o tym przy różnych okazjach, w pewnym sensie protestując przeciw krzywdzie, jaką się wyrządza Polsce i Polakom poprzez fałszywie rozumianą tezę o „powrocie" do Europy.

Ten protest skłania mnie do spojrzenia na dzieje Polski i zapytania, jaki był wkład narodu w formowanie tak zwanego ducha europejskiego. Sięgając w daleką przeszłość, można powiedzieć, że to współtworzenie zaczęło się już od chrztu Polski, a zwłaszcza od Zjazdu Gnieźnieńskiego w roku 1000. Przyjmując chrzest z pobratymczych Czech, pierwsi władcy Polski piastowskiej tworzyli w tym miejscu Europy strukturę państwową, która pomimo swoich historycznych słabości zdołała przetrwać napór z Zachodu (niemiecki *Drang nach Osten*). Żyjące na ziemiach na zachód od Polski plemiona słowiańskie uległy tej presji. Polska zaś była zdolna przeciwstawić się i stała się wręcz bastionem dla różnych zewnętrznych naporów.

My, Polacy, współtworzyliśmy zatem Europę, uczestniczyliśmy w rozwoju historii naszego kontynentu, broniąc go również zbrojnie. Wystarczy przypomnieć choćby bitwę pod Legnicą (1241 r.), gdzie Polska zatrzymała najazd Mongołów na Europę. A co powiedzieć o całej sprawie krzyżackiej, która znalazła swój rezonans na Soborze w Konstancji (1414–1418)? Jednakże wkład Polski nie miał wyłącznie charakteru militarnego. Również na płaszczyźnie kultury Polska wniosła własny wkład w tworzenie Europy. Bardzo często w tym wymiarze przypomina się zasługi szkoły w Salamance, a zwłaszcza hiszpańskiego dominikanina Francisca de Vitorii (1492–1546) w opracowywaniu prawa międzynarodowego. Słusznie. Nie można jednak zapominać, że dużo wcześniej Paweł Włodkowic (1370–1435) głosił te same zasady, jako fundament uporządkowanego współżycia narodów. Nie nawracanie mieczem, ale przekonywanie – *Plus ratio quam vis* – to złota zasada Uniwersytetu Jagiellońskiego, który dla kultury europejskiej miał olbrzymie zasługi. Na tym uniwersytecie wykładali wybitni uczeni, na przykład Mateusz z Krakowa (1330–1410) czy Mikołaj Kopernik (1473–1543). Trudno tu nie przypomnieć jeszcze jednego faktu historycznego: w okresie kiedy Europa Zachodnia pogrążała się w wojnach religijnych po reformacji, którym usiłowano zapobiegać, przyjmując niesłuszną zasadę: *Cuius regio eius religio*, ostatni z Jagiellonów, Zygmunt August stwierdzał uroczyście: „Nie jestem królem waszych sumień". Istotnie, nie było w Polsce wojen religijnych. Była natomiast tendencja ku porozumieniom i uniom: z jednej strony, w polityce, unia z Litwą, a z drugiej, w życiu kościelnym, unia brzeska zawarta pod koniec XVI wieku pomiędzy Kościołem katolickim a chrześcijanami wschodniego obrządku. Chociaż o tym wszystkim bardzo mało się wie na Zachodzie, nie można nie uznawać istotnego wkładu Polski w kształtowanie chrześcijańskiego ducha Europy. Dzięki temu właśnie wiek XVI słusznie jest nazywany „złotym wiekiem" Polski.

Wiek XVII natomiast, zwłaszcza druga jego część, odsłania pewne znamiona kryzysu zarówno w polityce – wewnętrznej i międzynarodowej – jak też w życiu religijnym. Z tego punktu widzenia obrona Jasnej Góry w 1655 roku ma nie tylko charakter pewnego cudu historycznego, ale także może być interpretowana jako ostrzeżenie na przyszłość w sensie wezwania do baczności wobec zagrożenia, które pochodziło z Zachodu zdominowanego zasadą *cuius regio eius religio*, a także ze Wschodu, gdzie coraz bardziej umacniała się wszechwładza carów. W świetle tych wydarzeń można by powiedzieć, że jeżeli Polacy zawinili w czymś wobec Europy i ducha europejskiego, to zawinili przez to, że pozwolili zniszczyć wspaniałe dziedzictwo XV i XVI stulecia.

Wiek XVIII jest okresem wielkiego upadku. Polacy pozwolili zniszczyć dziedzictwo Jagiellonów, Stefana Batorego i Jana III Sobieskiego. Nie można zapomnieć o tym, że jeszcze pod koniec XVII wieku właśnie Jan III Sobieski ocalił Europę przed zagrożeniem otomańskim w bitwie pod Wiedniem (1683). To było zwycięstwo, które oddaliło od Europy niebezpieczeństwo na długi czas. W pewnym sensie powtórzyło się pod Wiedniem to, co wydarzyło się w XIII wieku pod Legnicą. W XVIII wieku Polacy zawinili tym, że nie ustrzegli dziedzictwa, którego ostatnim obrońcą był zwycięzca spod Wiednia. Wiadomo, że powierzenie narodu królom z dynastii saskiej dokonało się pod presją zewnętrzną, zwłaszcza Rosji, która dążyła do zniszczenia nie tylko Rzeczypospolitej, ale także tych wartości, których była ona wyrazem. Polacy w ciągu XVIII wieku nie zdobyli się na to, aby ten proces rozkładowy zahamować, ażeby obronić się przed niszczącym wpływem *liberum veto*. Szlachta nie zdobyła się na przywrócenie praw stanu trzeciego, a przede wszystkim praw wielkich rzesz chłopów polskich przez uwłaszczenie ich i uczynienie obywatelami współodpowiedzialnymi za Rzeczpospolitą. To są starodawne winy społeczeństwa szlacheckiego, a zwłaszcza znacznej części arystokracji, dygnitarzy państwowych i niestety także niektórych dygnitarzy kościelnych.

W tym wielkim rachunku sumienia z naszego wkładu do Europy trzeba więc w szczególny sposób zatrzymać się na historii wieku XVIII. Pozwoli nam to z jednej strony zdać sobie sprawę, jak rozległy jest bilans win i zaniedbań, z drugiej jednak – uświadomić sobie to wszystko, co w wieku XVIII było początkiem odnowy. Jak nie wspomnieć na przykład Komisji Edukacji Narodowej, pierwszych prób zbrojnego oporu wobec zaborców, a przede wszystkim wielkiego dzieła Sejmu Czteroletniego? Szala win i zaniedbań była jednak przeważająca i dlatego Polska upadła. Jednakże upadając, zabrała ze sobą w testamencie to wszystko, co miało się stać zaczynem odbudowy jej niepodległości, a także jej późniejszego wkładu w budowę Europy. Ten następny etap miał się jednak rozpocząć dopiero po upadku XIX-wiecznych systemów i tak zwanego Świętego Przymierza.

Po odzyskaniu niepodległości w 1918 roku Polska mogła znowu aktywnie uczestniczyć w współtworzeniu Europy. Dzięki niektórym politykom, a także wybitnym ekonomistom było możliwe osiągnięcie w krótkim czasie wielkich rezultatów. Wprawdzie na Zachodzie, zwłaszcza w Wielkiej Brytanii, patrzono na Polskę z powątpiewaniem, jednak naród z roku na rok stawał się coraz bardziej godnym zaufania partnerem w powojennej Europie. Był to także partner odważny, co stało się jasne w roku 1939: kiedy demokracje zachodnie łudziły się, że mogą coś uzyskać, paktując z Hitlerem, Polska zdobyła się na stawienie czoła wojnie, która z punktu widzenia sił militarnych i technicznych była bardzo nierówna. Władze polskie uznały, że w tym momencie było to nieodzowne, ażeby obronić przyszłość Europy i europejskości.

Kiedy wieczorem 16 października 1978 roku stanąłem po raz pierwszy na balkonie Bazyliki św. Piotra, aby pozdrowić rzymian i pielgrzymów zgromadzonych na placu w oczekiwaniu na wynik konklawe, powiedziałem, że przychodzę z „dalekiego kraju". W gruncie rzeczy ta odległość w sensie geograficznym nie była tak wielka. Samoloty pokonywały ją zaledwie w dwie godziny. Mówiąc o dalekości, miałem na myśli istniejącą jeszcze w tamtym momencie „żelazną kurtynę". Papież, który przychodził spoza „żelaznej kurtyny", w prawdziwym sensie tego słowa przychodził z daleka, chociaż w rzeczywistości przychodził z samego centrum Europy. Przecież geograficzne centrum Europy znajduje się właśnie na terenie Polski.

W latach istnienia „żelaznej kurtyny" zapomniano o Europie Środkowej. Stosowano dość mechanicznie podział na Zachód i Wschód, uznając Berlin, stolicę Niemiec, za miasto-symbol, przynależące jedną swą częścią do Niemiec Federalnych, a drugą do Niemieckiej Republiki Demokratycznej. W rzeczywistości ten podział był całkowicie sztuczny. Służył celom politycznym i militarnym. Wyznaczał granice dwóch bloków, ale nie liczył się z historią ludów. Polakom trudno było przyjąć do wiadomości, że należą do Wschodu, zwłaszcza biorąc pod uwagę fakt, iż właśnie w tych latach granice Polski zostały przesunięte na Zachód. Przypuszczam, że tak samo trudno było to zaakceptować Czechom, Słowakom czy Węgrom, a także Litwinom, Łotyszom czy Estończykom.

Z tego punktu widzenia powołanie papieża z Polski, z Krakowa, mogło mieć wymowę niejako symboliczną. Nie było to jedynie powołanie konkretnego człowieka, ale całego Kościoła, z którym był on związany od urodzenia; pośrednio było to także powołanie narodu, do którego należał. Zdaje mi się, że tę sprawę szczególnie jasno widział i wyraził kard. Stefan Wyszyński. Osobiście byłem zawsze przekonany, że wybór Polaka na papieża tłumaczył się tym, czego Prymas Tysiąclecia wraz z Episkopatem i Kościołem polskim potrafili dokonać w warunkach ograniczeń, ucisku i prześladowań, jakim byli poddani w tamtych trudnych latach.

Chrystus powiedział kiedyś do Apostołów, posyłając ich na krańce ziemi: „Będziecie mi świadkami" (Dz 1, 8). Wszyscy chrześcijanie są wezwani do świadczenia o Chrystusie. W szczególny sposób są do tego powołani pasterze Kościoła. Powołując na Stolicę Rzymską kardynała z Polski, konklawe dokonało znaczącego wyboru: tak jak gdyby zażądało świadectwa Kościoła, z którego ten kardynał przychodził – jakby go zażądało dla dobra Kościoła powszechnego. W każdym razie wybór ten miał dla Europy i dla świata szczególną wymowę. Do tradycji bowiem należało, od prawie pięciu wieków, że rzymską Stolicę św. Piotra przejmowali kardynałowie włoscy. Wybór Polaka nie mógł nie oznaczać jakiegoś przełomu. Świadczył o tym, że konklawe, idąc za wskazaniami Soboru, starało się odczytywać „znaki czasu" i w ich świetle kształtować swoje decyzje.

W tym kontekście można by się także zastanawiać nad wkładem Europy Środkowo-Wschodniej w tworzenie się dziś

Europy zjednoczonej. Mówiłem na ten temat przy różnych okazjach. Jak mi się wydaje, najbardziej znaczącym wkładem, jaki narody tego regionu mogą zaoferować, jest obrona własnej tożsamości. Narody Europy Środkowo-Wschodniej pomimo wszystkich przeobrażeń narzuconych przez dyktaturę komunistyczną zachowały swoją tożsamość, a poniekąd nawet ją umocniły. Walka o tożsamość narodową była dla nich walką o przetrwanie. Dzisiaj obie części Europy – zachodnia i wschodnia – ponownie się zbliżają. To zjawisko, samo w sobie jak najbardziej pozytywne, nie jest pozbawione ryzyka. Wydaje mi się, że podstawowym zagrożeniem dla Europy Wschodniej jest jakieś przyćmienie własnej tożsamości. W okresie samoobrony przed totalitaryzmem marksistowskim ta część Europy przebyła drogę duchowego dojrzewania, dzięki czemu pewne istotne dla życia ludzkiego wartości mniej się tam zdewaluowały niż na Zachodzie. Tam żywe jest jeszcze na przykład przekonanie, iż to Bóg jest najwyższym gwarantem godności człowieka i jego praw. Na czym wobec tego polega ryzyko? Polega ono na bezkrytycznym uleganiu wpływom negatywnych wzorców kulturowych rozpowszechnionych na Zachodzie. Dla Europy Środkowo--Wschodniej, w której tendencje te mogą jawić się jako rodzaj „promocji kulturowej", jest to dzisiaj jedno z najpoważniejszych wyzwań. Myślę, iż właśnie z tego punktu widzenia toczy się tutaj jakieś wielkie duchowe zmaganie, od którego zależeć będzie oblicze Europy tworzące się na początku tego tysiąclecia.

W roku 1994 odbyło się w Castel Gandolfo sympozjum na temat tożsamości europejskich społeczeństw (*Identity in*

Change). Pytanie, wokół którego toczyła się debata, dotyczyło zmian, jakie wydarzenia XX wieku wprowadziły w świadomości tożsamości europejskiej i tożsamości narodowej w kontekście nowoczesnej cywilizacji. Na początku sympozjum Paul Ricoeur mówił o znaczeniu pamięci i zapominania, jako dwóch przeciwstawnych sił działających w historii człowieka i społeczeństw. Pamięć jest tą siłą, która tworzy tożsamość istnień ludzkich, zarówno na płaszczyźnie osobowej, jak i zbiorowej. Przez pamięć bowiem w psychice osoby tworzy się poniekąd i krystalizuje poczucie tożsamości.

Pośród wielu interesujących stwierdzeń, które wówczas usłyszałem, jedno szczególnie mnie uderzyło. Chrystus znał to prawo pamięci i w momencie kluczowym swego posłannictwa do niego się odwołał. Kiedy ustanawiał Eucharystię podczas Ostatniej Wieczerzy, powiedział: „To czyńcie na moją pamiątkę" (*Hoc facite in meam commemorationem*: Łk 22, 19). Pamiątka mówi o pamięci. Tak więc Kościół jest poniekąd żywą „pamięcią" Chrystusa: Chrystusowego misterium, Jego męki, śmierci i zmartwychwstania, Jego Ciała i Krwi. Tę „pamięć" realizuje się poprzez Eucharystię. Wynika stąd, że chrześcijanie, celebrując Eucharystię, to jest przywołując na „pamięć" swego Pana, nieustannie odkrywają swoją tożsamość. Eucharystia wyraża coś najgłębszego, a zarazem najbardziej uniwersalnego – świadczy o przebóstwieniu człowieka i nowego stworzenia w Chrystusie. Mówi o odkupieniu świata. Ale ta pamięć odkupienia i przebóstwienia człowieka, tak bardzo dogłębna i uniwersalna, jest równocześnie źródłem wielu innych wymiarów pamięci człowieka i ludzkich wspólnot. Pozwala ona człowiekowi rozumieć siebie w jakimś najgłębszym zakorzenieniu, a zarazem w ostatecznej perspektywie swego człowieczeństwa. Pozwala ona również rozumieć różne wspólnoty, w których kształtują się jego dzieje: rodzinę, ród i naród. Pozwala też wnikać w dzieje języka i kultury, w dzieje wszystkiego, co jest prawdziwe, dobre i piękne.

24.
Macierzyńska pamięć Kościoła

W różnych częściach świata dokonują się w ostatnich dziesięcioleciach ogromne zmiany i dużo mówi się o potrzebie dostosowania się Kościoła do nowej rzeczywistości kulturowej. Pojawia się zatem również palące pytanie o tożsamość Kościoła. Jak Ojciec Święty określiłby podstawy tej tożsamości?

Aby odpowiedzieć na to pytanie, trzeba przywołać jeszcze inny wymiar tego samego zagadnienia. Zapisując wydarzenia Jezusowego dziecięctwa, św. Łukasz stwierdza: „A Matka Jego chowała wiernie wszystkie te sprawy w swym sercu" (Łk 2, 51). Chodzi o wspomnienia słów, a jeszcze bardziej wydarzeń związanych z wcieleniem Syna Bożego. Maryja zachowywała w swym sercu tajemnicę Zwiastowania, bo był to moment poczęcia się w Jej łonie Słowa Wcielonego (por. J 1, 14). Zachowywała pamięć miesięcy, kiedy to Słowo było ukryte w Jej łonie. A potem nadszedł moment Bożego narodzenia i wszystkiego, co temu wydarzeniu towarzyszyło. Maryja zachowywała w sercu, że Jezus narodził się w Betlejem; że z braku miejsca w gospodzie musiał przyjść na świat w stajni (por. Łk 2, 7). Jego narodzinom towarzyszyła jakaś nadziemska atmosfera: pasterze z pobliskich pól przybiegli, ażeby pokłonić się

Dzieciątku (por. Łk 2, 15–17); potem przybyli do Betlejem trzej Mędrcy ze Wschodu (por. Mt 2, 1–12); potem wraz z Józefem Maryja musiała uciekać do Egiptu, ażeby ocalić Syna przed okrucieństwem Heroda (por. Mt 2, 13–15). To wszystko zapisywało się w pamięci Maryi i, jak słusznie się wnioskuje, zostało przez Nią przekazane Łukaszowi, który był Jej szczególnie bliski. Zostało także przekazane Janowi, któremu Jezus oddał Matkę w godzinie śmierci.

Wprawdzie całą Ewangelię dziecięctwa Jezusa streszcza Jan w jednym zdaniu: „A Słowo stało się ciałem i zamieszkało wśród nas" (1, 14), oprawiając to jedno zdanie we wspaniały Prolog swej Ewangelii, jednak potem wyłącznie u Jana znajdujemy opis pierwszego cudu dokonanego przez Jezusa na prośbę Matki (por. J 2, 1–11). I tylko Jan zachował słowa, w których Jezus w godzinie konania zawierzył mu swoją Matkę (por. J 19, 26–27). „A Matka Jego chowała wiernie wszystkie te sprawy w swym sercu".

Pamięć Maryi jest szczególnym źródłem poznania Chrystusa, źródłem z niczym nieporównywalnym. Maryja jest świadkiem nie tylko tajemnicy wcielenia, w której realizacji świadomie współpracowała. Krok po kroku śledziła Ona postępujący proces objawiania się Syna, który dorastał u Jej boku. Wydarzenia z tym związane znane są z Ewangelii: dwunastoletni Jezus pozwala Maryi zorientować się, że jest wezwany do szczególnej misji, którą otrzymał od Ojca (por. Łk 2, 49). Potem, kiedy opuści dom nazaretański, Matka pozostanie zawsze w jakiś sposób z Nim związana: tak można sądzić, biorąc pod uwagę cud w Kanie Galilejskiej (por. J 2, 1–11) i inne epizody (por. Mk 2, 31–35; Mt 12, 46–50; Łk 8, 19–21).

Maryja będzie świadkiem powołania Apostołów, a wreszcie całej tajemnicy pasyjnej i jej wypełnienia na Kalwarii (por. J 19, 25–27). Chociaż nigdzie nie jest to zapisane w tekstach biblijnych, można sądzić, że była również pierwszą, której ukazał się Zmartwychwstały. W każdym razie Maryja jest obecna przy Jego Wniebowstąpieniu, jest z Apostołami w wieczerniku, gdy oczekują na Zesłanie Ducha Świętego, i jest świadkiem narodzin Kościoła w dniu Pięćdziesiątnicy.

Otóż ta macierzyńska pamięć Maryi jest szczególnie ważna dla bosko-ludzkiej tożsamości Kościoła. Można powiedzieć, że z tej pamięci Maryi czerpie pamięć nowego Ludu Bożego, wciąż na nowo przeżywającego w celebracji eucharystycznej czyny i słowa Chrystusa poznane również z ust Matki Bożej. Ostatecznie pamięć Kościoła jest również pamięcią matczyną, bo Kościół jest matką, która pamięta. Kościół zachowuje w znacznej mierze to, co jest żywe we wspomnieniach Maryi.

Pamięć Kościoła rozrasta się, w miarę jak zaczyna się on rozrastać; to wzrastanie dokonuje się przede wszystkim przez świadectwo Apostołów i przez cierpienie męczenników. Jest to pamięć, która stopniowo wyraża się w historii, od Dziejów Apostolskich, ale która nie utożsamia się bez reszty z historią. Jest czymś swoistym. Używając terminu technicznego, trzeba powiedzieć, że utożsamia się z Tradycją. To słowo mówi o czynnej funkcji pamiętania i przekazywania. Bo czymże innym jest Tradycja, jeśli nie staraniem podjętym przez Kościół, by przekazywać (po łacinie *tradere*) tajemnicę Chrystusa i całość Jego nauczania, jakie Kościół zachowuje w pamięci? Jest to zadanie, w którym Kościół jest stale wspierany przez Ducha Świętego. W momencie rozstania Chrystus mówi do Apostołów o Duchu Świętym: „On was wszystkiego nauczy i przypomni wam wszystko, co Ja wam powiedziałem" (J 14, 26). Kiedy więc Kościół sprawuje Eucharystię, będącą „pamiątką" Pana, czyni to w mocy Ducha Świętego, który z dnia na dzień budzi i ukierunkowuje jego pamięć. Temu wspaniałemu, a zarazem tajemniczemu dziełu Ducha, przekazywanemu z pokolenia na pokolenie, Kościół zawdzięcza swoją istotną tożsamość. A trwa to już dwa tysiące lat.

Pamięć tej podstawowej tożsamości, w którą Chrystus wyposażył swój Kościół, okazuje się silniejsza od wszystkich podziałów, które w to dziedzictwo wnieśli ludzie. Chrześcijaństwo na początku trzeciego tysiąclecia, chociaż podzielone, jest równocześnie świadome tego, że do najgłębszej istoty Kościoła należy jedność, a nie podział. Jest świadome tego przede wszystkim za sprawą ustanowienia eucharystycznego: „To czyńcie na moją pamiątkę" (Łk 22, 19). Te słowa są jednoznaczne i niejako nie dopuszczają podziału, ani rozbicia.

Tę jedność pamięci, która towarzyszy Kościołowi przez wszystkie pokolenia w ciągu dziejów, wyraża w szczególny sposób pamięć Maryi. Jest tak również dlatego, że Maryja jest kobietą. W pewnym sensie pamięć należy do tajemnicy kobiety bardziej aniżeli mężczyzny. Tak jest w dziejach rodzin, w dziejach rodów i narodów, tak jest też w dziejach Kościoła. Wiele motywów tłumaczy kult maryjny w Kościele, obecność tylu sanktuariów maryjnych w różnych regionach ziemi. II Sobór Watykański wyraził to w słowach: Maryja jest „pierwowzorem (*typus*) Kościoła w porządku wiary, miłości i doskonałego zjednoczenia z Chrystusem. W misterium bowiem Kościoła, który sam także słusznie jest nazywany matką i dziewicą, Błogosławiona Dziewica Maryja idzie przed nami, stanowiąc najdoskonalszy i jedyny wzór zarówno dziewicy, jak i matki" (*Lumen gentium*, n. 63). Maryja przoduje, ponieważ jest najbardziej wierną pamięcią, albo też, ponieważ Jej pamięć jest najwierniejszym odbiciem Bożej tajemnicy, która w Niej została przekazana Kościołowi, a przez Kościół ludzkości.

Nie jest to tylko tajemnica Chrystusa. W Nim jest tajemnica człowieka, która objawia się od samego początku. Nie ma chyba żadnego innego zapisu początku człowieka tak prostego, a jednocześnie tak kompletnego jak ten, który znajdujemy w pierwszych trzech rozdziałach Księgi Rodzaju. Jest w nich opisane nie tylko stworzenie człowieka jako mężczyzny i niewiasty (por. Rdz 1, 27), ale bardzo wyraźnie jest ustawiona sprawa jego szczególnego powołania w kosmosie. Jest tam także wyrażona w sposób zwięzły, ale dość przejrzysty, zarówno prawda o pierwotnym stanie człowieka, który był stanem niewinności i szczęśliwości, jak i zdecydowanie odmienna historia grzechu i jego konsekwencji – tego, co teologia scholastyczna nazywa *status naturae lapsae* („stanem natury upadłej") – jak również od razu zarysowana Boża inicjatywa odkupienia (por. Rdz 3, 15).

Kościół zachowuje pamięć historii człowieka od początku: pamięć jego stworzenia, powołania, wyniesienia i upadku. A w te zasadnicze ramy wpisują się całe dzieje człowieka, które są dziejami odkupienia. Kościół jest matką, która na podobieństwo Maryi przechowuje całe te dzieje, zachowując w sercu wszystkie ludzkie istotne problemy.

Ta prawda była mocno akcentowana w czasie Wielkiego Jubileuszu Roku 2000. Kościół przeżywał go jako jubileusz narodzin Jezusa Chrystusa, ale jednocześnie jako jubileusz początków człowieka, pojawienia się człowieka w kosmosie, jego wyniesienia i jego powołania. Konstytucja duszpasterska *Gaudium et spes* trafnie powiedziała, że tajemnica człowieka odsłania się w pełni dopiero w Chrystusie: „...misterium człowieka wyjaśnia się prawdziwie jedynie w misterium Słowa Wcielonego. Adam bowiem, pierwszy człowiek, był typem Tego, który miał przyjść, to znaczy Chrystusa Pana. Chrystus, nowy Adam, właśnie w objawieniu tajemnicy Ojca i Jego miłości objawia w pełni człowieka samemu człowiekowi i odsłania przed nim jego najwyższe powołanie" (n. 22). Św. Paweł wyraził to w słowach: „Stał się pierwszy człowiek, Adam, duszą żyjącą, a ostatni Adam duchem ożywiającym. Nie było jednak wpierw tego, co duchowe, ale to, co ziemskie; duchowe było potem. Pierwszy człowiek z ziemi – ziemski, Drugi Człowiek – z nieba. Jaki ów ziemski, tacy i ziemscy; jaki Ten niebieski, tacy i niebiescy. A jak nosiliśmy obraz ziemskiego [człowieka], tak też nosić będziemy obraz [Człowieka] niebieskiego" (1 Kor 15, 45–49).

Takie było istotne znaczenie Wielkiego Jubileuszu. Obchody Roku 2000 stały się ważnym wydarzeniem nie tylko dla chrześcijaństwa, ale także dla całej rodziny ludzkiej. Pytanie o człowieka, które wciąż sobie ludzkość zadaje, znajduje w Jezusie Chrystusie pełną odpowiedź. Można powiedzieć, że Wielki Jubileusz Roku 2000 był równocześnie jubileuszem narodzin Chrystusa i odpowiedzi na pytanie o znaczenie i sens człowieczeństwa. I to jest właśnie związane z pamięcią. Pamięć Maryi i Kościoła służą człowiekowi, aby raz jeszcze, na przełomie tysiącleci, odnalazł własną tożsamość.

25.
Wertykalny wymiar dziejów Europy

W ten sposób dotarliśmy do zasadniczego pytania o człowieka i jego przeznaczenie: Jak ująć najgłębszy sens historii? Czy wystarczająca jest interpretacja, która – pytając o historię – bierze pod uwagę jedynie ograniczenia czasu i miejsca?

Jak wiadomo, historia człowieka rozwija się w wymiarze horyzontalnym w przestrzeni i czasie. Jednak krzyżuje się z nią również wymiar wertykalny. Nie tylko ludzie bowiem piszą historię. Razem z nimi pisze ją także Bóg. Od tego wymiaru historii, który możemy nazwać transcendentnym, zdecydowanie odeszło oświecenie. Kościół natomiast nieustannie do niego powraca: wymownym przykładem takiego powracania był również II Sobór Watykański.

W jaki sposób Bóg pisze ludzką historię? Odpowiedź na to pytanie daje Biblia od pierwszych rozdziałów Księgi Rodzaju aż do ostatnich stron Księgi Apokalipsy. Bóg objawia się od początku dziejów człowieka jako Bóg obietnicy. Jest to Bóg Abrahama, o którym św. Paweł mówi, iż „uwierzył wbrew nadziei" (por. Rz 4, 18), przyjął bez wahania Bożą obietnicę, że będzie ojcem wielkiego narodu. Obietnica ta zdawała się nierealna: był bowiem człowiekiem starym. Zestarzała się również jego żona Sara. Po ludzku biorąc, nadzieje na potomka zdawały się przekreślone. A jednak ten potomek przychodzi na świat. Obietnica, jaką Abrahamowi uczynił Bóg, wypełnia się. Syn zrodzony w starości otrzymuje imię Izaak i staje się początkiem rodu Abrahamowego, który stopniowo rozrasta się w naród. Jest to Izrael, naród wybrany przez Boga, któremu zwierza On obietnice mesjańskie. Całe dzieje Izraela toczą się jako czas oczekiwania na spełnienie tej Bożej obietnicy.

Obietnica ma konkretną treść: „błogosławieństwo" Boże dla Abrahama i dla jego potomstwa. Rozmowa Boga z nim rozpoczyna się od słów: „Uczynię bowiem z ciebie wielki naród, będę ci błogosławił i twoje imię rozsławię: staniesz się błogosławieństwem (...). Przez ciebie będą otrzymywały błogosławieństwo ludy całej ziemi" (Rdz 12, 2–3). Ażeby zrozumieć ten zbawczy wymiar obietnicy, trzeba sięgnąć do pierwszych rozdziałów Księgi Rodzaju, a w szczególności do rozdziału trzeciego, gdzie jest zapis rozmowy Jahwe z tymi, którzy stanowili *dramatis personae* pierworodnego upadku. Bóg pyta wpierw mężczyznę, a potem niewiastę o to, co uczynili. A kiedy mężczyzna obwinia swoją żonę, wówczas ta wskazuje na kusiciela (por. Rdz 3, 11–13). On bowiem nakłaniał do złamania nakazu Bożego (por. Rdz 3, 1–5). Jest znamienne, że przekleństwo, jakie Bóg skierował pod adresem węża, już zawiera plan przyszłego zbawienia. Bóg przeklina złego ducha, który stał się przyczyną grzechu pierwszych ludzi, ale równocześnie wypowiada słowa, które zawierają w sobie pierwszą mesjańską obietnicę. Mówi tak do węża: „Wprowadzam nieprzyjaźń między ciebie a niewiastę, pomiędzy potomstwo twoje a potomstwo jej: ono ugodzi cię w głowę, a ty ugodzisz je w piętę" (Rdz 3, 15). Jest to zwięzły zarys, w którym zostaje powiedziane wszystko. Cała mesjańska obietnica zbawienia tu się zawiera i można już dostrzec całe dzieje ludzkości, aż do Apokalipsy: niewiasta zapowiedziana w Protoewangelii pojawia się na stronach Apokalipsy obleczona w słońce, a na jej głowie wieniec z dwunastu gwiazd, a równocześnie występuje przeciw niej starodawny smok, który chce pożreć jej potomstwo (por. Ap 12).

Do końca czasów będzie trwała walka pomiędzy dobrem a złem, pomiędzy grzechem, który ludzkość odziedziczyła po pierwszych rodzicach, a zbawczą łaską, którą przynosi Chrystus, Syn Maryi. On jest wypełnieniem obietnicy danej Abrahamowi i odziedziczonej przez Izraela. Z Jego przyjściem rozpoczynają się czasy ostateczne, czasy eschatologicznego wypełnienia. Bóg, który dotrzymał obietnicy złożonej Abrahamowi, zawierając Przymierze z Izraelem przez Mojżesza, w Chrystusie, swoim Synu, otworł przed całą ludzkością perspektywę życia wiecznego poza kresem jej ziemskiej historii. Jest to niesłychane przeznaczenie człowieka: wezwany do godności przybranego syna Bożego, podejmuje to powołanie w wierze i włącza się w budowanie Królestwa, w którym historia rodzaju ludzkiego na ziemi znajdzie ostateczny kres.

W związku z tym, co zostało powiedziane, przychodzą mi na myśl wersety, które napisałem lata temu, rozmawiając o człowieku z Człowiekiem, Bożym Słowem wcielonym, w którym jako jedynym historia nabiera pełnego sensu. Mówiłem:

Do Ciebie wołam, Człowieku, Ciebie szukam — w którym
historia ludzi może znaleźć swe Ciało.
Ku Tobie idę, i nie mówię „przybądź",
ale po prostu „bądź",

bądź tam, gdzie w rzeczach żaden nie widnieje zapis,

a człowiek był,

był duszą, sercem, pragnieniem, cierpieniem i wolą,
gdzie go trawiły uczucia i palił najświętszy wstyd –
bądź jak wieczysty Sejsmograf tego, co niewidzialne
a Rzeczywiste.

(...)

Człowieku, w którym każdy człowiek odnaleźć może zamysł

najgłębszy

i korzeń własnych uczynków: zwierciadło życia i śmierci

wpatrzone w ludzki nurt,

do Ciebie – Człowieku – stale docieram przez płytką rzekę

historii,

idąc w stronę serca każdego, idąc w stronę każdej myśli
(historia – myśli stłoczeniem i śmiercią serc).
Szukam dla całej historii Twojego Ciała,
szukam Twej głębi.

(Wigilia wielkanocna 1966)

Oto więc odpowiedź na zasadnicze pytanie: najgłębszy sens historii wykracza poza historię i znajduje pełne wyjaśnienie w Chrystusie, Bogu-Człowieku. Chrześcijańska nadzieja sięga poza granicę czasu. Królestwo Boże zaszczepia się i rozwija w dziejach ludzkich, ale jego celem jest życie przyszłe. Ludzkość jest powołana do wychodzenia poza granicę śmierci i poza granicę przemijających wieków, ku ostatecznej przystani w wieczności, przy chwalebnym Chrystusie w trynitarnej komunii. „Nadzieja ich pełna jest nieśmiertelności" (Mdr 3, 4).

ZAKOŃCZENIE

Ostatnia rozmowa odbyła się przy obiedzie
w małej jadalni pałacu papieskiego w Castel Gandolfo.
Uczestniczył w niej także sekretarz Ojca Świętego,
ksiądz prałat Stanisław Dziwisz.

26.
„Ktoś prowadził
tę kulę..."

Jaki był naprawdę przebieg zdarzeń 13 maja 1981 roku? Czy zamach i wydarzenia mu towarzyszące nie odsłoniły jakiejś, być może zapomnianej, prawdy o papiestwie? Czy nie można odczytać w nich jakiegoś szczególnego przesłania o osobistym posłannictwie Waszej Świątobliwości? Ojciec Święty odwiedził zamachowca w więzieniu i spotkał się z nim twarzą w twarz. Jak Wasza Świątobliwość patrzy na tamte wydarzenia dziś, po tylu latach? Jakiego znaczenia nabrał zamach i wydarzenia z nim związane w życiu Ojca Świętego?

Jan Paweł II: Wszystko to było świadectwem Bożej łaski. Widzę tu pewną analogię do próby, jakiej został poddany kardynał Wyszyński podczas Jego uwięzienia. Tyle że doświadczenie Prymasa Polski trwało przeszło trzy lata, a to moje dość krótko, tylko parę miesięcy. Agca wiedział, jak strzelać, i strzelał z pewnością bezbłędnie. Tylko że jak gdyby „ktoś" tę kulę prowadził...

Stanisław Dziwisz: Agca strzelał, by zabić. Ten strzał powinien był być śmiertelny. Kula przeszyła ciało Ojca Świętego, raniąc go w brzuch, prawy łokieć i palec wskazujący lewej ręki. Upadła między Papieżem a mną. Usłyszałem jeszcze dwa strzały, dwie stojące w pobliżu osoby zostały zranione.

Zapytałem Ojca Świętego: „Gdzie?". Odpowiedział: „W brzuch". „Boli?" – „Boli".

W pobliżu nie było żadnego lekarza. Nie mieliśmy czasu na zastanawianie się. Przenieśliśmy Ojca Świętego jak najszybciej do karetki i w ogromnym tempie pojechaliśmy do kliniki Gemelli. Ojciec Święty modlił się półgłosem. Potem, jeszcze w drodze, stracił przytomność.

O życiu bądź śmierci decydowały różne czynniki. Choćby kwestia czasu, czasu dojazdu do kliniki; parę minut dłużej, jakaś mała przeszkoda na drodze – i byłoby już za późno. W całej tej sprawie widać Bożą rękę. Wszystko na to wskazuje.

Jan Paweł II: Tak, pamiętam tę drogę do szpitala. Zachowałem jeszcze przez pewien czas świadomość. Miałem poczucie, że przeżyję. Cierpiałem, był powód do strachu – ale miałem taką dziwną ufność.

Mówiłem do księdza Stanisława, że wybaczam zamachowcowi. Co działo się w szpitalu, już nie pamiętam.

Stanisław Dziwisz: Prawie natychmiast po przyjeździe do kliniki przewieziono Ojca Świętego na salę operacyjną. Sytuacja była bardzo poważna. Organizm Ojca Świętego był bardzo wykrwawiony. Ciśnienie krwi dramatycznie spadło, bicie serca było ledwo wyczuwalne. Lekarze poprosili mnie, żebym udzielił Ojcu Świętemu Namaszczenia Chorych. Zaraz to zrobiłem.

Jan Paweł II: Byłem już właściwie po tamtej stronie.

Stanisław Dziwisz: Potem zrobiono Ojcu Świętemu transfuzję krwi.

Jan Paweł II: Późniejsze komplikacje i w związku z nimi przedłużenie całego procesu leczenia były zresztą konsekwencją tej transfuzji.

Stanisław Dziwisz: Pierwszą krew organizm odrzucił. Znaleźli się jednak pracujący w tym szpitalu lekarze, którzy dali Ojcu Świętemu własną krew. Ta druga transfuzja przyjęła się. Operację lekarze przeprowadzali, nie wierząc w przeżycie pacjenta. Przestrzelonym palcem nie zajmowali się w ogóle – co było zrozumiałe. „Jak przeżyje, to coś się z tym potem zrobi" – powiedzieli mi. Palec zresztą zrósł się potem sam, bez żadnej specjalnej interwencji.

Po operacji przewieziono Ojca Świętego na salę reanimacyjną. Lekarze bali się infekcji, która w tej sytuacji mogła mieć śmiertelne skutki. Część organów wewnętrznych organizmu Ojca Świętego była zrujnowana. Operacja była bardzo złożona i trudna. Ostatecznie wszystko zabliźniło się w sposób doskonały, bez żadnych komplikacji, choć po tak ciężkiej operacji często występują komplikacje.

Jan Paweł II: W Rzymie umierający papież, w Polsce żałoba... W moim Krakowie studenci zorganizowali manifestację – „biały marsz". Gdy pojechałem do Polski, powiedziałem: „Przyjechałem wam podziękować za »biały marsz«". Byłem też w Fatimie, żeby podziękować Matce Boskiej.

Oj, Boże mój! To było ciężkie doświadczenie. Obudziłem się dopiero następnego dnia, koło południa. I mówię do księdza Stanisława: „Komplety wczoraj nie zmówiłem".

Stanisław Dziwisz: Ściślej mówiąc, zapytał Ojciec Święty: „Czy odmówiłem kompletę?". Bo Ojciec Święty myślał, że jest jeszcze poprzedni dzień.

Jan Paweł II: Zupełnie nie zdawałem sobie sprawy z tego wszystkiego, o czym wiedział ksiądz Stanisław. Mnie nie mówiono, jak poważna była sytuacja. Poza tym byłem przez dłuższy czas po prostu nieprzytomny.

Po przebudzeniu miałem nawet nie najgorsze samopoczucie. Przynajmniej z początku.

Stanisław Dziwisz: Następne trzy dni były straszne. Ojciec Święty ogromnie cierpiał. Przecież ze wszystkich stron miał dreny, był cały pocięty. Niemniej jednak rekonwalescencja postępowała bardzo szybko. Z początkiem czerwca Ojciec Święty wrócił do domu. Nie musiał nawet przestrzegać jakiejś szczególnej diety.

Jan Paweł II: Jak widać, organizm mam raczej mocny.

Stanisław Dziwisz: Dopiero później organizm zaatakował groźny wirus, który pojawił się jako rezultat pierwszej transfuzji bądź wycieńczenia. Ojcu Świętemu dano ogromną ilość antybiotyków, żeby uchronić go od infekcji. To znacznie zredukowało odporność. Tak rozwinęła się inna choroba. Ojciec Święty znów został przewieziony do szpitala.

Dzięki intensywnej terapii stan jego zdrowia poprawił się na tyle, aby lekarze mogli zdecydować o przeprowadzeniu kolejnego zabiegu i uzupełnieniu operacji chirurgicznych wykonanych w dniu zamachu. Ojciec Święty wybrał dzień 5 sierpnia, wspomnienie Matki Bożej Śnieżnej, które w kalendarzu liturgicznym figuruje jako dzień Poświęcenia Bazyliki Matki Bożej Większej. Również ten drugi problem został przezwyciężony. 13 sierpnia, w trzy miesiące po zamachu, lekarze wydali komunikat o zakończeniu leczenia klinicznego. Pacjent mógł ostatecznie wrócić do domu.

W pięć miesięcy po zamachu Papież wrócił na plac św. Piotra, by znów spotkać się z wiernymi. Nie okazywał cienia lęku czy stresu, choć lekarze zapowiadali, że to może wystąpić. Powiedział wtedy: „Stałem się na nowo dłużnikiem Najświętszej Dziewicy i wszystkich świętych Patronów. Czyż mogę zapomnieć, że wydarzenie na placu św. Piotra miało miejsce w tym dniu i o tej godzinie, kiedy od sześćdziesięciu z górą lat wspomina się w portugalskiej Fatimie pierwsze pojawienie się Matki Chrystusa ubogim wiejskim dzieciom? Wszak we wszystkim, co mnie w tym właśnie dniu spotkało, odczułem ową niezwykłą macierzyńską troskę i opiekę, która okazała się mocniejsza od śmiercionośnej kuli".

Jan Paweł II: Na Boże Narodzenie 1983 roku odwiedziłem zamachowca w więzieniu. Długo ze sobą rozmawialiśmy. Ali Agca jest, jak wszyscy mówią, zawodowym zabójcą. Co znaczy, że zamach nie był jego inicjatywą, że ktoś inny to wymyślił, ktoś inny to zlecił. W ciągu całej rozmowy było jasne, że Alemu Agcy nie dawało spokoju pytanie: jak się to stało, że zamach się nie powiódł? Przecież robił wszystko, co należało, zadbał o najdrobniejszy szczegół swego planu. A jednak ofiara uniknęła śmierci. Jak to się mogło stać?

I ciekawa rzecz... ten niepokój naprowadził go na problem religijny. Pytał się, jak to właściwie jest z tą tajemnicą fatimską. Na czym ona polega? To był główny punkt jego zainteresowania, tego przede wszystkim chciał się dowiedzieć.

Być może, te jego uporczywe pytania były znakiem, że zyskał świadomość tego, co rzeczywiście ważne. Ali Agca – jak mi się wydaje – zrozumiał, że ponad jego władzą, władzą strzelania i zabijania, jest jakaś potęga wyższa. Zaczął więc jej poszukiwać. Życzę mu, aby ją znalazł.

Stanisław Dziwisz: Uważam za dar niebios cudowny powrót Ojca Świętego do życia i zdrowia. Tajemnicą w ludzkich wymiarach pozostał zamach. Nie wyjaśnił jej ani proces, ani długie przetrzymywanie w więzieniu zamachowca. Byłem świadkiem odwiedzin Ojca Świętego u Ali Agcy w więzieniu. Papież przebaczył mu publicznie już w pierwszym przemówieniu. Nie słyszałem słowa „przepraszam" ze strony więźnia. Był tylko zainteresowany tajemnicą fatimską. Ojciec Święty wiele razy przyjmował jego matkę i rodzinę. Często pytał o niego kapelanów zakładu karnego.

Tajemnicą w wymiarze Bożym jest całe to dramatyczne wydarzenie, które mocno nadwerężyło zdrowie i siły Ojca Świętego, a równocześnie w niczym nie zahamowało skuteczności i owocności jego apostolskiej posługi w Kościele i świecie.

Myślę, że nie będzie przesadą zastosowanie w tym przypadku powiedzenia: *Sanguis martyrum semen christianorum* (Krew męczenników nasieniem chrześcijaństwa). Może trzeba było tej krwi na placu św. Piotra, w miejscu męczeństwa pierwszych chrześcijan.

Niewątpliwie pierwszym owocem tej krwi było zjednoczenie całego Kościoła w wielkiej modlitwie o ocalenie Papieża. Przez całą noc po zamachu pielgrzymi, którzy przybyli tutaj na audiencję generalną, i coraz większe rzesze rzymian, modlili się na placu św. Piotra. W kolejnych dniach w katedrach, w kościołach i kaplicach świata odprawiano Msze święte i modlitwy w intencji Papieża. Sam Ojciec Święty tak o tym mówił: „Trudno mi o tym myśleć bez wzruszenia. Bez głębokiej wdzięczności dla wszystkich. Dla tych, którzy w dniu 13 maja zgromadzili się na modlitwie. I dla tych, którzy w niej trwali przez cały ten czas. Jestem wdzięczny Chrystusowi Panu i Duchowi Świętemu, który poprzez wydarzenie, jakie miało miejsce na placu św. Piotra w dniu 13 maja o godzinie 17.17, natchnął tyle serc do wspólnej modlitwy.

I nie mogę – myśląc o tej wielkiej modlitwie – zapomnieć o tych słowach z Dziejów Apostolskich, które odnoszą się do Piotra: »Kościół modlił się za niego nieustannie do Boga« (Dz 12, 5)" (Katecheza podczas audiencji generalnej, 7 października 1981).

Jan Paweł II: Ja żyję w przeświadczeniu, że we wszystkim, co mówię i robię w związku z moim powołaniem i posłannictwem, z moją służbą, dzieje się coś, co nie jest wyłącznie moją inicjatywą. Wiem, że to nie tylko ja jestem czynny w tym, co robię jako następca Piotra.

Weźmy przykład komunizmu. Jak już wcześniej mówiłem, do jego upadku z pewnością przyczynił się wadliwy system ekonomiczny. Odwoływanie się jednak jedynie do czynników ekonomicznych byłoby zbyt wielkim uproszczeniem. Z drugiej strony, byłoby śmieszne, gdybym uważał, że to Papież własnoręcznie obalił komunizm.

Myślę, że wyjaśnienie znajduje się w Ewangelii. Gdy pierwsi uczniowie, rozesłani w świat, wracają do Mistrza, mówią: „Panie, przez wzgląd na Twoje imię nawet złe duchy nam się poddają" (Łk 10, 17). Chrystus odpowiada im na to: „nie z tego się cieszcie, że duchy się wam poddają, lecz cieszcie się, że wasze imiona zapisane są w niebie" (Łk 10, 20). I dodaje przy innej okazji: „Mówcie: »Słudzy nieużyteczni jesteśmy, cośmy powinni byli zrobić, tośmy zrobili«" (por. Łk 17, 10).

Słudzy nieużyteczni... Świadomość „nieużytecznego sługi" jest we mnie coraz silniejsza wśród tego wszystkiego, co się wokół mnie dzieje – i myślę, że mi z tym dobrze.

Wracając do zamachu: myślę, że był on jedną z ostatnich konwulsji XX-wiecznych ideologii przemocy. Przemoc propagował faszyzm i hitleryzm, przemoc propagował komunizm. Podobnymi argumentami uzasadniana przemoc rozwijała się także tutaj, we Włoszech: Czerwone Brygady mordowały ludzi niewinnych i uczciwych.

Odczytując ponownie, w perspektywie minionych lat, zapis tamtej rozmowy, odnoszę wrażenie, że przejawy przemocy w formie – by tak powiedzieć – zinstytucjonalizowanej znacznie przycichły. Jednak w ostatnim czasie rozszerzają się w świecie tak zwane „siatki terroru", które stanowią nieustanne zagrożenie dla życia milionów niewinnych ludzi. Dramatycznym tego potwierdzeniem był zamach na wieże World Trade Center w Nowym Jorku (11 września 2001), na stację Atocha w Madrycie (11 marca 2004) i rzeź w Biesłanie w Osetii (3 września 2004). Dokąd prowadzą nas te nowe wybuchy przemocy?

Upadek najpierw nazizmu, a potem Związku Radzieckiego to potwierdzenie klęski zła. Ujawnił cały bezsens przemo-

170

cy na wielką skalę, zaplanowanej i realizowanej przez te systemy. Czy ludzie wyciągną wnioski z tych dramatycznych „lekcji", jakie przyniosła im historia? A może pozwolimy, aby zwyciężały budzące się w duszy pokusy, aby ponownie uciekać się do zgubnych metod przemocy?

Wierzący jednak wie, że obecności zła zawsze towarzyszy obecność dobra, obecność łaski. Święty Paweł napisał: „Ale nie tak samo ma się rzecz z przestępstwem jak z darem łaski. Jeżeli bowiem przestępstwo jednego sprowadziło na wszystkich śmierć, to o ileż obficiej spłynęła na nich wszystkich łaska i dar Boży" (Rz 5, 15). Te słowa do dziś zachowują aktualność. Odkupienie trwa. Tam, gdzie narasta zło, rośnie również nadzieja dobra. W naszych czasach zło ogromnie narosło, posługując się przewrotnymi systemami, które na szeroką skalę stosowały przemoc i ucisk. Nie mówię tu o złu czynionym przez poszczególnych ludzi, złu indywidualnych motywów i indywidualnych postępków. Zło XX wieku nie było złem w jakimś małym, „sklepikowym" wydaniu. To było zło na wielką skalę, zło, które przyoblekło się w kształt państwowy, aby dokonywać zgubnego dzieła, zło, które przybrało kształt systemu.

A jednocześnie łaska Boża wylewała się z coraz większym bogactwem. Nie ma zła, z którego Bóg nie mógłby wyprowadzić większego dobra. Nie ma cierpienia, z którego nie mógłby uczynić drogi prowadzącej do Niego. Idąc na dobrowolną mękę i śmierć na krzyżu, Syn Boży wziął na siebie całe zło grzechu. Cierpienie ukrzyżowanego Boga nie jest tylko jakimś rodzajem cierpienia pośród innych, mniejszym czy większym bólem, lecz nieporównywalną miarą cierpienia. Chrystus, cierpiąc za nas wszystkich, nadał cierpieniu nowy sens, wprowadził je w nowy wymiar, w nowy porządek: w porządek miłości. To prawda, cierpienie wchodzi w historię człowieka wraz z grzechem pierworodnym. To grzech jest tym „ościeniem" (por. 1 Kor 15, 55–56), co zadaje ból, co rani na śmierć ludzkie istnienie. Ale męka Chrystusa na krzyżu nadała cierpieniu sens zupełnie nowy, wewnętrznie je przekształciła. Wprowadziła w ludzkie dzieje, które są dziejami grzechu, cierpienie bez winy, podjęte wyłącznie z miłości. To jest cierpienie, które otwiera drzwi nadziei na wyzwolenie, na ostateczne wyrwanie „ościenia", który rozdziera ludzkość. Jest to cierpienie, które pali i pochłania zło ogniem miłości i wyprowadza nawet z grzechu wielorakie owoce dobra.

Każde ludzkie cierpienie, każdy ból, każda słabość kryje w sobie obietnicę wyzwolenia, obietnicę radości: „teraz raduję się w cierpieniach za was" – pisze św. Paweł (Kol 1, 24). Odnosi się to do każdego cierpienia wywołanego przez zło. Odnosi się także do ogromnego zła społecznego i politycznego, jakie wstrząsa współczesnym światem i rozdziera go: zła wojen, zniewolenia jednostek i narodów, zła niesprawiedliwości społecznej, deptania godności ludzkiej, dyskryminacji rasowej i religijnej, zła przemocy, terroryzmu, tortur i zbrojeń – całe to cierpienie jest w świecie również po to, żeby wyzwolić w nas miłość, ów hojny i bezinteresowny dar z własnego „ja" na rzecz tych, których dotyka cierpienie. W miłości, która ma swoje źródło w Sercu Chrystusa, jest nadzieja na przyszłość świata. Chrystus jest Odkupicielem świata: „a w jego ranach jest nasze uzdrowienie" (Iz 53, 5).

Spis treści

MIARA WYZNACZONA ZŁU

WOLNOŚĆ
I ODPOWIEDZIALNOŚĆ

MYŚLĄC OJCZYZNA...
(OJCZYZNA – NARÓD – PAŃSTWO)

MYŚLĄC EUROPA...
(POLSKA – EUROPA – KOŚCIÓŁ)

DEMOKRACJA:
MOŻLIWOŚCI I ZAGROŻENIA

Zakończenie

Opracowanie graficzne
Olgierd Chmielewski

Na stronie 1 okładki wykorzystano fragment obrazu Giorgione *Młodzieniec
ze strzałą* z Kunsthistorisches Museum w Wiedniu;
na stronie 4 – fragment obrazu Giorgione *Mojżesz poddany próbie ognia*
z Galleria degli Uffizi we Florencji.

Na stronach tytułowych poszczególnych rozdziałów wykorzystano grafiki
z dzieła Cesarego Ripy *Ikonologia*, znajdującego się
w zbiorach Biblioteki Jagiellońskiej (kolejno: *Miłosierdzie,
Wolna wola, Racja stanu, Europa, Demokracja*).

Redakcja
Zespół pod kierownictwem
ks. Pawła Ptasznika i abp. Paolo Sardi

Łamanie
Irena Jagocha

Korekta
Beata Trebel

Opieka redakcyjna
Barbara Poźniak

Patronat medialny

ISBN 83-240-0525-0

Zamówienia: Dział Handlowy, 30-105 Kraków, ul. Kościuszki 37
Bezpłatna infolinia: 0800-130-082
Zapraszamy do naszej księgarni internetowej: www.znak.com.pl

Społeczny Instytut Wydawniczy Znak,
ul. Kościuszki 37, 30-105 Kraków. Wydanie I, 2005.
Druk: Drukarnia Colonel, ul. Dąbrowskiego 16, Kraków.